·刘敬儒内家拳丛书·

八卦掌

刘敬儒　主编

北京体育大学出版社

策划编辑：秦德斌
责任编辑：秦德斌
责任校对：李志诚
版式设计：华泰联合

图书在版编目 (CIP) 数据

　　八卦掌 / 刘敬儒主编 . -- 北京：北京体育大学出
版社，2019.9（2021.3 重印）
　　（刘敬儒内家拳丛书）
　　ISBN 978-7-5644-3191-4

　　Ⅰ . ①八… Ⅱ . ①刘… Ⅲ . ①八卦掌 - 基本知识
Ⅳ . ① G852.16

　　中国版本图书馆 CIP 数据核字 (2019) 第 147823 号

八卦掌　　　　　　　　　　刘敬儒　主编

出版发行：北京体育大学出版社
地　　址：北京海淀区农大南路 1 号院 2 号楼 2 层办公 B-212
邮　　编：100084
发 行 部：010-62989320
邮 购 部：北京体育大学出版社邮购部 010-62989432

印　　刷：北京昌联印刷有限公司
开　　本：710mm × 1000 mm　1/16
成品尺寸：170 × 240 mm
印　　张：12
字　　数：211 千字
印　　数：4001—7000 册
版　　次：2020 年 1 月第 1 版
印　　次：2021 年 3 月第 2 次印刷
定　　价：45.00 元

本书如有印装质量问题，请与出版社联系调换

《八卦掌》编写组

主　编：刘敬儒

副主编：韩燕武　　张瑞田　　邢殿和　　任寿然
　　　　徐艳霞　　陈丽娜　　邹伟然　　李胜利
　　　　柯中林　　谷川大　　索春如　　陈居松
　　　　朱应德　　韩公元

编　委：杜红征　　黄威恳　　高　韦　　张峻峰
　　　　崔宝中　　王　飞　　农明富　　前田庆一郎
　　　　弘泽成美　訾占超　　詹笑凡

策　划：赵奎喜　　刘玉强　　翟梦纪　　刘　辉
　　　　项　争　　代海强　　孙振虎　　向　波
　　　　公　晨

摄　影：蒋天祥　　冯军

序

昌　沧

　　刘敬儒先生精多种拳术，尤精八卦掌、形意拳和六合螳螂拳。他为了了却先师和弟子们的心愿，用了好几年时间，整理、编著了"刘敬儒内家拳丛书"，共五本。书临出版前，要我在原写《六合螳螂拳》和《八卦掌》两书序言的基础上，做些补充。应好友之嘱，我又欣然命笔了。

一

　　"刘敬儒内家拳丛书"包括《八卦掌》《形意拳》《六合螳螂拳》《八卦掌技击与养生》《八卦掌器械》，共五本，内容丰富，尽显真知灼见。

　　《八卦掌》一书全面介绍了八卦掌的源流、风格、特点及功理、功法和套路，包括趟泥步、定式八掌、八大掌、游身连环掌、九宫掌等。其特点是：轻灵敏捷，拧旋钻翻；掌随步换，随走随变；圆中有圆，如环无端；前探后坐，上伸下缩；形如游龙，坐如踞虎；视若猿守，转如鹰盘。其技击要求是：以动制静，避正打斜，以正驱斜，充分体现"动中求变，迂回进攻，以巧取胜"的特点。

　　《八卦掌技击与养生》可算是首创，过去只是口传心授，刘敬儒先生根据自身体验，在技击方面，总结出"攻防十要"，为了便于读者理解和掌握，特编写了"八卦掌六十四式对练"；在养生方面，阐述了八卦掌的养生价值，并配有八卦掌养生功等。经常习练八卦掌，能全面改善人体各系统的机能状况，可以修身养性、强身健体、益寿延年。

　　《八卦掌器械》是根据敬儒喜爱的四种兵器精心创编、体用兼修的四种套路。其结构严整、特点鲜明，具有防身自卫、强身健体和欣赏价值。

　　2003年，我有幸在第一届香港国际武术节期间，在传统拳种的名家表演中目睹了敬儒演练的八卦掌，真是行家一出手，四座皆欣。只见敬儒双手成龙形掌，一掌前伸，一掌护后，屈腿坐身，双腿先后趟出，出手不凡！他"行走如龙，动转若猴，换势似鹰"；他"步如趟泥，手如拧绳，转如磨磨"，显现出了程氏八卦掌的鲜明特征。

程氏八卦掌讲究"拧、裹、钻、翻"，走圈换掌，"掌随身动，步随掌变，意动身随，不拘定形，时时处处，变化莫测"，且强调"以意领气，以气领力，气沉丹田"，不仅要"形神兼备"，更要"劲力沉实，刚柔相济"，以期"内外合一"。敬儒的演练，精准地掌握了程氏八卦掌的这些基本风格和特征，赢得了在场的武术行家和爱好者们暴风雨般的掌声！

回到后台，许多武术爱好者围拥着他，争相请教，令其应接不暇。

二

《形意拳》全面介绍了形意拳的功法与理论、五行拳、传统典型套路"十二形"等，体现了"象其形、取其意"："心之诚于中，肢体形于外，内意和外形高度统一。"其动作要求：头要上顶，颈要竖直；肩要松，肘要坠，腕要塌，掌要撑，拳要紧；背要拔，胸要含，腰要塌，脊要正；胯要缩，膝要扣，足要平、稳。其运动特点：上肢应"两肘不离肋，两手不离心，钻、翻、伸、屈、拧、旋、往、返，要体现严密紧凑"；下肢应"前进之后，常随跟步，退步之后，常带撤步，要体现快速沉稳"。

2003年在香港，我有幸目睹了敬儒传授技艺。为了让弟子们深刻领会形意拳的"半步崩拳打遍天下无敌手"的精艺，他说起了形意拳大师郭云深的故事：郭云深因行侠仗义，剪除了危害乡里的"土太岁"，大得民心，县衙也顺随民心，破例地仅以"误杀罪"来定案，对郭云深只囚禁了三年。郭云深因戴有脚镣、手铐，伸展不开，在狱中只能练"半步"崩拳！可歪打正着，天长日久，他就练成了"天下无敌手"。敬儒用郭云深大师疾恶如仇的人品和炉火纯青的技艺，来提高弟子们的武德和学习兴趣，进一步让他们领略形意拳的深刻内涵。

他注意拳法、技理同授。在阐述形意拳的"意、气、劲、精、神"时，是那样简明精辟。他传授技艺时，也是一次一次地多角度示范，反复阐述，百般耐心，唯恐弟子们不明白！每到这时，他总是累得口干舌燥，大汗淋淋。我看到真心疼！我不由得递上热茶和毛巾，连说："歇会儿！歇会儿！"

后来我得知：他在北京市什刹海体校武术队（班）、东城武术馆执教期间，也是这样的一位"拼命三郎"。功夫不负有心人，他培养的戈春燕、张宏梅、壮晖、商钰、傅春梅等屡获全国武术比赛冠军。海内外不少武术爱好者也慕名前来拜师学艺。他也应邀到不少国家去传授武术。他的洋弟子遍及美、英、法、德、意、日、韩等国家和地区，许多弟子已成为本国武术发展和推广的骨干力量。

三

《六合螳螂拳》全面介绍了六合螳螂拳的套路,并公布了单香陵先生的亲笔手书的《六合螳螂拳真传秘诀》。该拳最为珍秘,属象形拳的一种。螳螂前足长、大,俨如两把刀、斧,前节有钩,中节有刺,后四足着地,拧头闪身,灵巧多变。故螳螂拳的手法有勾、搂、刁、采、崩、砸、挂、劈、粘、黏、贴、靠、闪、转、腾、挪等"十六字诀";步法有弓、马、虚、插、独立、提拖、滑、玉环等步,尤以提拖步、滑步最为常见。螳螂拳强调"一不登山(弓步),二不骑马(马步),就地发来就地打",即怎么合适就怎么打!随机应变,出奇制胜。腿法也很奇特,"高腿不过肩,弹腿不过裆,踏踹不过胸"。在运用时,手脚齐施,顺势暗递,尤以"斧刃脚""大展拍"最为神妙。

几经繁衍,螳螂拳有七星、梅花、六合、通臂、光板、摔手等。其中以七星、梅花流传最广,六合最为珍秘。

我曾与敬儒在吉林四平市参加过一次武术活动。在活动临结束时,掀起一个小小的高潮:"请北京来的刘老师上台表演!"在一片持久而热烈的掌声中,敬儒只得拱手微笑地上场了。

他演练的是六合螳螂拳。他的操功、基本功炉火纯青,在精湛的演练中,他勾、搂、采、挂,劈、截、崩、砸……,千变万化,神鬼莫测。轻时,如风摆细纱;柔时,如风拂柳丝;软时,如风掠清波;快时,如风扫落叶;刚时,如风卷残云,体现了该拳"一活、二顺、三刚、四柔、五化"的风格和特征。正如他的恩师单香陵先生教诲和要求的那样:"手法活似机轮,身法活似钢球,腰似车轴,臂如钻杆。"他的演练引来了满堂的喝彩,也令我这"老外"大开眼界,看得如痴如醉。寓言故事中讽喻的"螳臂挡车""螳螂捕蝉,黄雀在后"等,在这儿都为他那演练出的"不畏强暴"的气势和"刚毅勇猛"的精神所湮没了!于是,我借用许世友将军称赞单香陵先生拳技的话:"好拳法,正宗正派。"

由此可见,敬儒皓首穷经,经过多年体验,全面地继承并弘扬了单先师六合螳螂拳的要义和精髓。

四

提起敬儒习练武术的那种执着精神,不由得使我想起了十九世纪英国著名文学家狄更斯的一句名言:"顽强的毅力,可以征服世界上任何一座高峰。"

因他家境贫寒,在名牌高中毕业后,不得不放弃了升学的机会,过早地当上了"孩子王"。在三尺讲台上，日复一日地 "举起的是别人，奉献的是自己"。

其实敬儒从小就喜爱武术，可一直没有机缘。这也算是歪打正着！通过对班上学生的家访，结识了著名武术家骆兴武先生。他就拜在骆师门下，开始学练形意拳、八卦掌及大枪、剑术。除平时利用业余时间外，到了寒暑假期，他就抓紧时间整天习武。在骆师的鼓励下，在京城这藏龙卧虎之地，他得机就学：看郭古民授徒，看程静秋走直趟散手，再与德玉亭、韩武切磋技艺，累了就躺在公园长椅上数星星，看月亮，瞧流星飞越苍穹。

学无止境。敬儒继续勤学苦练。他从王达三练"八面战身枪""黑白鹞子对枪"和"纯阳剑"；从钱谨之学"形意十二形"；从张如林学"高派八卦掌"；向程有信学"程派八卦掌"；从吴彬芝学"武当剑法"；又聆听杨禹廷讲"太极拳理"；看史正刚授"大悲拳"；观韩其昌教"梅花桩"；还向王文奎学"八形二十四式""八卦连环剑""群拦刀"；同徐裕才、李振海切磋"推手技艺"；后结识了刘谈锋，学"太极拳""八大掌"及"八卦子午鸳鸯钺"；从何忠祺得"尹氏八卦掌"之精义；又得裘稚和指点"形意拳""八卦掌"，还学习裘师自创的"螺旋拳"。

幸运的是敬儒又结识并拜在单香陵先生门下，从单师习"六合螳螂拳"。数年如一日，按师嘱，向"一活、二顺、三刚、四柔、五化"的境界攀登。

唐代大文学家韩愈在《师说》中有这样的论述："圣人无常师。"敬儒虽不能算圣人，但他牢记孔子"三人行，必有我师焉"的警语，学无常师。相传孔子曾"问礼于老聃，学乐于苌弘，学琴于师襄"，且"入太庙，每事问"。圣人尚且如此，何况我们呢！？敬儒特别注意博采众长，向名师们学习。他经常得到郭古民、程静秋、德玉亭、韩武、王达三、钱谨之、张如林、程有信、王荣堂、刘晚苍、吴彬芝、杨禹廷、曹幼甫、王文奎、刘谈锋、王敷等名师们的教诲和指点，且学而不厌，乐此不疲。对他来说，真是"仰之弥高，钻之弥坚"，以至"欲罢不能"。他这种勤奋好学的精神和虚心求教的态度，不能不令人折服！

由于他锲而不舍的追求：一心练功，而立之年才成亲。苦中苦吃了，背后罪也受了。登堂、入室，终于"成了气候"：宝剑锋磨利了，梅花放清香了，铁杵也磨成针了！

"功夫不负有心人"，早在1963年北京市举办新中国成立后最盛大的武术比赛中，他荣获成年形意、八卦组冠军。他的演练，后得到中央电视台的转播。

1979年5月，他在广西南宁市举行的第一届全国武术观摩交流大会上，荣获八卦掌一等奖；隔年，在第二届大会上又获此殊荣。

2015年，敬儒被国家授予最高段位——武术九段，同年被评为"北京市非物质文化遗产八卦掌代表性传承人"。2018年，他又被评为"国家级非物质文化遗产八卦掌代表性传承人"。

五

"天下武术是一家"，这句话我曾用过两次：一次是1989年年末，在香港第一届亚洲武术锦标赛做采访时，以它为标题刊登过"赛事特写"；一次是为庆贺敬儒主编的《八卦掌》出版座谈会上，以它为主题谈了武术界的团结问题。

我说："武术界曾有过'永结金兰''七侠结义'和'九侠盟誓'的义举，一时被传为佳话。武术前辈董海川、郭云深、刘奇兰及尹福、程廷华、李存义、耿成信、周明泰、刘德宽、张占魁和刘凤春等'以武会友，相互敬慕''豁达大度，不较胜负，不分领域，消除界限'。前辈们高尚的武德行为，为我们做出了光辉的榜样。"

我说："今天真是群贤毕至，名师云集。在京的各拳种、各门派的老师们大都来了，欢聚一堂，畅所欲言，气氛格外热烈、融洽、温馨。这是一次大团结的聚会。它说明了北京武术界继承了前辈们的优良传统，这又充分地体现了敬儒的一种精神，即气度恢宏，广交武友，重团结、重侠义、崇尚武德的精神。"

这儿，我又想起了《共产党宣言》结尾的号召："全世界无产者，联合起来！"敬儒这个座谈会的可贵之处，就是充分地体现了先辈们号召的精神。咱们似可相约并共勉：让全世界习武者团结起来，为武术走进奥运会、造福人类共同努力吧！这也是敬儒先生对我国武术界，乃至世界武坛的一个可贵的贡献！

2018 年 2 月 14 日

前　言

　　中华武术是我国文化长河中的一枚瑰宝，是先辈们留下的宝贵遗产。它凝聚着哲学、武学、医学、美学等多方面内涵，是中华民族悠久文化历史的一个缩影。古往今来，无数先贤为我们书写了壮美的中华民族武学史，它在传统文化中具有举足轻重的地位。我的祖籍河北省高阳县就是武术之乡，这里涌现了很多武术名人，在中华民族抵御外来入侵的历史中，他们书写了很多英雄的辉煌事迹。也许是因为故乡的风土人情，也许是因为因缘际会，我从幼年开始就喜欢武术。寒暑春秋六十载，我在武学的浩瀚大海中不断地游历钻研。这其中有刻苦练功流过的汗水，也有偶有所获带来的喜悦；有先师们的谆谆教诲，也有朋友们的说武论道。无论是武术的精进，还是武德的修炼，我的收获和成长都离不开先师们的引导和栽培，离不开朋友们的鼓励和帮助。

　　我从 1957 年开始学习武术，先后得到多位顶尖名师的悉心传授。我的启蒙恩师是人称"龙虎武师"的骆兴武先生，他的师父是李文彪，师承八卦掌祖师爷董海川先师的得意弟子"眼镜程"程廷华。骆先生曾在沈阳举办的东三省武术大会上一举夺冠，张作霖亲自为其颁授银盾，后受聘为吴俊升府的武术总教习兼管家。1949 年后，他在北京设馆教拳，并在北京武术协会任形意八卦研究组组长。我的尹氏八卦掌受教于董海川祖师爷的大弟子尹福先生的亲外孙何忠祺先生，何先生是尹福弟子何金奎和其女尹金玉的儿子，得到了正宗尹氏八卦掌的真传。何先生在尹氏八卦门中德高望重，受到大家的广泛尊重。张占魁先生是董海川祖师的弟子，其得意弟子裘稚和先生也是我的恩师。裘先生是螺旋拳的创编者，张氏门中和意拳门中之人对其无不敬仰。同时我还得到了程廷华之子程有信先生的传授，也得到著名武术家刘谈锋、王文奎、张如林等先生的指导，获得了八卦掌（特别是程氏八卦掌）、形意拳的精要。大师们的风采和他们的言传身教令我终生难忘、无限缅怀!

　　除了八卦掌和形意拳以外,我对六合螳螂拳也十分喜爱。六合螳螂拳的创始人是林世春,山东招远人,他应山东黄县丁百万之聘,为其看家护院四十余载。丁百万对他礼待有加,助其盖房、娶妻、安家。为报答丁百万的知遇之恩,林世春将其毕生所学,倾囊相授,悉数教给了丁百万之子丁子成。丁子成天资聪慧,再加上勤学苦练,终成六合螳螂拳一代宗师。丁子成先生还义务兴办了黄县国术研究所,聘请到尹福弟子宫宝田、八极拳大师"神枪"李书文、七星螳螂拳大师曹作厚、南京国术馆的张镶五等。黄县国术研究所一时名声大噪,南北皆知,十分兴旺。我的恩师单香陵先生也是山东黄县人,拜丁子成先生为师,他与刘云樵、张详三是师兄弟。单先生视武如命,倾注毕生心血研究六合螳螂拳,使之发展到了一个新的高度。单先生的功夫炉火纯青,几臻化境。20世纪20年代,他在北京举办的唯一一次比武擂台中夺魁,此事轰动一时,街谈巷议,无人不晓,人们对单先生的武学造诣无比敬仰。单先生曾负责维护广和戏院、广德戏院的前台秩序,人送雅号"两广总督"。他还受聘担任过富连成京剧科班的武术教练,叶盛龙、叶盛章、肖盛萱、李世芳、徐元山等都尊其为老师,他还与叶存善、肖长华、徐兰沅等结为莫逆之交。单先生心怀民族爱国主义情怀,为人侠肝义胆、正义凛然。在日伪统治时期,他曾仗义出拳,震慑了败坏武术届的恶势力,为北京武术同仁增长了志气,捍卫了民族尊严。

　　以上这些老前辈都是武术界的榜样,有幸在他们门下学习令我感到无比光荣自豪。这些老前辈尽其所学,倾囊相授,他们不断激励我在武学道路上努力前行。通过多年习武和教拳的经验,我深刻认识到老前辈所传授的武学博大精深、弥为珍贵,这让我有责任、有信心将这项国粹传承下去。2015年,我被评为"北京市非物质文化遗产八卦掌代表性传承人",同年,我又有幸获得中国武术最高段位九段。2018年,我又被评为"国家级非物质文化遗产八卦掌代表性传承人"。这些荣誉使我愈加认识到自己肩负的使命责任重大,我当义不容辞地把我们民族的这颗瑰宝继承和发展下去。今年我已经83岁,时不我待,我愿将毕生所学奉献出来,以飨世人,希望以此为中华武术的传承和发展贡献绵薄之力。

　　2017年2月,我召集了海内外的弟子,组织召开了"刘敬儒内家拳丛书"筹备会,成立了"刘敬儒内家拳丛书"出版筹备小组,下设策划组、编写组、演练组、摄制组和后勤组,主要负责将我的书稿汇编成册、组织排版、拍摄照片。丛书以我六十年习武总结的笔记、手稿为基础，分编为五册：《八卦掌》《形意拳》《六合螳螂拳》《八卦掌技击与养生》《八卦掌器械》。在编写整理过程中，除了筹备小组人员以外，也得到了其他众多弟子、再传弟子的大力协助。此套丛书出版，还得到了众多海内外武术专家的帮助，同时北京市西城区委组织部对丛书的出版也给予了大力支持，谨此一并表示衷心的感谢！

由于本人和弟子们的武学水平有限，书中如有纰漏和不足之处，恳请各位专家、读者批评指正。

文章千古事，得失寸心知。

刘敬儒

2018 年冬于陶然亭东湖茶社

刘敬儒内家拳丛书
简介

刘敬儒 2018 年演示
八卦游身连环掌

本书视频资源总码

本书二维码使用说明

　　本书二维码教学视频资源全部指向书链网，您可以直接微信扫码观看教学视频，也可以在手机中安装书链App(客户端)扫码使用。App下载视频到手机，支持离线播放。

目　录

八卦趟泥步

邢殿和演示
基础八掌

八大掌与六十四掌

八卦游身连环掌套路

八卦九宫掌

八卦掌操手

第一章

八卦掌概述

　　在中国民间传统武术中，八卦掌是著名的内家拳法之一。自清末董公海川先生将其传世至今，八卦掌以其鲜明的风格特点和卓绝的掌法而享誉武林，日益受到国内外众多武术爱好者的喜爱。八卦掌讲求实战技击，坚持练习还可以祛病健体。八卦掌的早期源流究竟是怎样的？八卦掌究竟有哪些风格特色？八卦掌的技击特点究竟有哪些？八卦掌究竟有哪些重要的功理功法？究竟应该怎样练习八卦掌？这些都需要初学者在开始练习之前予以了解。

一、董海川与八卦掌

目前，有关董公的生平与八卦掌的早期源流，由于缺乏详尽的记述，历来众说纷纭，真伪难辨。董公也没有谈过八卦掌的确切来源和师承，因而，董公墓地的四块墓碑的碑文就是最有说服力的资料了。

（一）董公墓志铭

记述董公生平的4块墓碑，原立于北京东直门外小牛坊村虹桥大道旁，后移至万安公墓。现将碑文完整抄录如下，供广大武术爱好者了解、研究。

碑文一：

董公墓志铭（1883 年）

（碑额有"后生宗鉴"款识）

先生姓董讳海川，世居文安城南朱家务。少年豪侠，不治生产。法郭解之为，济困扶危，性好田猎，日骋于茂林之间，群兽为之辟易。及长，遍游四方，所过吴越巴蜀，举凡名山大川，无不历险搜奇，以壮其襟怀。后遇黄冠，授以武术，遂精拳勇。不意中年蹈司马公之故辙，竟充宦官。先生嫉恶如仇，时露英气，同人即起猜嫌，改隶肃邸。因老气骸，始得寓外舍。请艺者，自通显以至工贾与达官等几及千人，各授一艺。尝游塞外，会数人各持利器，环而击之，先生四面迎拒，捷如旋风，观者群雄无不称为神勇，惮其风采。及至弥留之际，从者启其手足诚如铁汉，越三日，端坐而逝，意者以为羽化。都中门人服缟素者百余人，因营葬于东直门外，距城里许，哀痛难忘，议立表识，以伸响往之忱。

光绪九年春二月立石

铁岭贵荣撰

沈阳清山书

武遂古郡王振郭玺亭刊

碑阴铭文：（额题"徽则攸远"）

铭曰：先生其灵气之所钟也，何生而有异于人。脱令壮年，仗剑以从军，吾焉知其所不扫荡乎烟尘，即不幸而为瘰君子，亦可蠖屈以完身。及郁折而白圭有玷，岂其有隐痛而生不逢辰。然身虽泯而名则荣，其谁曰不报璞而全贞。鸣呼，自古燕赵多慷慨悲歌之士，不禁抗怀屠狗，独黯然其销魂。

　　　　　　　　　　　　　　　　　　大清癸未春

　　　　　　　　　　　　　　　　　　铁岭贵荣撰

　　　　　　　　　　　　　　　　　　沈阳清山书

　　尹福、马维祺、史计栋、程廷华、宋长荣、孙天章、刘登科、焦毓隆、谷毓山、马存志、张均、秦玉宽、刘殿甲、吕成德、安分、夏明德、耿永山、魏吉祥、锡章、王辛盛、王怀清、沈长寿、王德义、宋紫云、宋永祥、李万友、樊志涌、宋龙海、王永泰、彭连贵、付振海、王鸿宾、谷步云、陈春林、王延桔、双福、李长盛、徐兆祥、刘宝贞、梁振圃、张英山、郭玉亭、赵云祥、张全奎、焦春芒、刘凤春、司元功、张铎、清山、何五、何六、郭通海、余鹤年、冯濂、李寿年、陈泮。

　　小门生：张逸民、马贵、杨峻峰、刘金印、方志、奎玉、土志、世亭、居庆元、刘印章、耿玉林。

碑文二：

文安董公墓志（1904 年）

　　明知于人大矣哉，又汲汲求名而名不传者，有操必传之术而及韬光养晦，转以自匿，久之阌中肆外而名以日显。若吾师董公殆其人欤。公讳海川，文安人，生有神力，幼以武勇名乡里，弱冠后技益精。访友于江皖，迷失道入乱山中，终日不得出，度无生理。忽有人于山巅招以手，及攀藤附葛而上，至则其人谓之曰："师候汝久矣。"因导之行，见庙宇奇幻，类非人世，蜿蜒而入。历数处，一道者装，童颜鹤发，遥谓之曰："汝来何迟乎。"遂授以击刺进退之法，练神导气之功。凡其所传，皆平日所未闻未睹者。居久之又谓曰："汝行矣，可以问世矣。"遂麾之使出。比回视，则烟云缥缈，已失其处，噫！此公至诚所感，所遇者其殆仙欤。公神力得自天授，而技艺又获自仙传。此后遂无有能敌之者。后缘事入肃邸效力，蒙赏七品首领职。以故公在都之时多，公性情退让，不欲见异于世，然既负绝技，游其门者常数十百人。名由是历久弥彰。公往矣，至今都人士犹啧啧称道弗衰。福等久恭门下，未忘汲芳徽，今特略志梗概，铭诸贞石。

　　大清光绪岁在阏逢执仲春上浣

　　　　　　　　　　　　　　　　　　门人尹福等敬立

　　　　　　　　　　　　　　　　　　光绪三十年

碑阴：（额题"永垂不朽"）

河北国术馆教职员：

李盛清、何忠麟、何万财、何淑珍、樊连印、卢书英、邱长通、博海玉、马玉成、卢蕴苓、王林明、何淑荒、李荣贵、霍文秀、李绪伦、何忠义、董信言、何忠祥、何玉明、何淑荣、赵近喜、霍芳淑、周学义、霍瀛海、郑延杰、霍金章、李长立、霍常永、崔信仁、卢瑞庆、王双龄、卢润臣、阎启喜、卢云发、黄绪斌、卢蒲容、唐崇瑞、卢金祥、李荣、卢书延、周志立、卢树堂、赵殿英、卢润身、王修祥、周书年、付崇安、卢德声、王步云、卢清声、杨长明、卢道声、林景周、卢撮声、李长德、卢盖声、赵良臣、卢爱声、刘宋智、尹福。

碑文三：

董公墓志（1930年）

董公海川，河北文安人，力大貌奇，方腰骈肋，素好技击，勇武过人。弱冠后侠游九华山上，得遇仙传，艺遂大精。十数勇士围攻，所到皆疲。尤有奇者，屋顶黄鸟群噪，公纵身上跳，连擒其三。更有剑击专家，特与公赛，公则赤手空拳，夺其械踏其足，赛者皆靡，董公手长过膝数寸，故拳掌出人意外，皆难防范，有异相因有异术，名噪一时，争相师事，前后门徒不啻千百，深恐支派繁衍系统紊乱，爰公议二十字传统并刊碑以垂永久。

传统字：海福寿山永，强毅定国基，昌明光大陆，道德建无极。

第五世后学汪慧书丹

中华民国十九年三月二十六日

马贵、门宝珍、冯俊义、张殿凯、何金魁、尹玉璋、卢书魁等公立

碑文四：

文安董公墓志（1930年）

公董氏讳海川，文安人，生有大力，以勇武称于乡里。弱冠后，遂以武术名，游其门者数十百人之多。至今都人士犹称道弗衰。此其艺断非常人所能及也。盖赏读公之略历，始知公之技艺，实为得之于仙者矣，至于仙传之妙，前人论其详，书魁毋赘述，所最令人钦佩者，公之性情退让，不欲见异于人，而卒享大名于后世，噫！公之艺术，冠绝群伦。书魁虽未得为公之徒，而既私塾诸人殆无亲炙于公门下也。书魁受业获益良多，故感公之大德而铭之于石云。

第四世后学卢书魁等敬立
第五世后学汪慧敬书
中华民国十九年次上章敬拜，仲春月上浣敬立

上述碑文中所谓仙传之词恐为无稽之谈，不足为信，然而，四块墓志铭中的碑文文字，生动地描述了董公习练八卦掌行状，其人似已跃然而出。

（二）董公轶闻轶事

传说，董公刚来肃王府时，只干一些地位低下的粗杂活。当时无人知道董公会武。肃王是一位武王爷，嗜武如命。一次，他得知京城来了一对沙姓回族夫妇，人称"沙回回"，因其夫妇二人武艺超群，远近驰名，王爷便出重金聘来王府为护院总管。王爷为了炫耀自己请来的两位武术高手，请来了众多达官贵人、亲朋好友，观看二人当众献艺。

这一天，大殿前的庭院里围满了看客，聚精会神地观看沙回回夫妇演练。人群中不时有人点头赞叹，啧啧有声，不时掌声雷动。王爷看得兴奋，忽觉口干舌燥，吩咐一声"茶"。这时董公正是司茶之人，不敢丝毫怠慢，急忙端茶而来，但见院内里三层外三层围了个水泄不通，根本进不去，王爷口渴又催得很紧。董公心中焦急，忘了自己的身份，一手端茶壶，一手托茶盘，纵身而起，从人群头顶越过，轻轻地落在场内，壶中茶水一滴未洒，轻轻地走到王爷身前献茶。王爷大吃一惊，半晌讲不出话来，暗自思量："我府之中竟然有这样能人。"王爷问道："你会武吗？"董公回答："略知一二。"王爷喜出望外，遂命董公当场演练。董公遂至场中，从容行步，左旋右转，灵活敏捷，掌法神出鬼没，如行云流水，滔滔不绝，像云中蛟龙游戏人间。人们目瞪口呆，居然忘了喝彩，仿佛呼吸都要停止了。演练完毕，王爷惊呼："此乃神人神术也！"王爷站起身问道："此术何名？"董公脱口而出："八卦掌。"王爷赏董公七品首领职，任王府管家总教习。

自董公得到王爷青睐，沙回回夫妇非常嫉妒，怀恨在心，商议暗算董公。一日沙回回夫妇在庭院中练武，恰逢董公路过，沙回回急忙向前行礼，假意寒暄说："我用枪扎你，你能破解吗？"董公不假思索地说："好，我赤手空拳来破你。"沙回回暗喜，这可是天赐机缘，恨不得一枪刺死董公才甘心，忙手持大枪，双把一拧，"刷"的一枪向董公胸前扎去。董公从容后退一步，出掌拨枪，沙回回将枪抽回，又一枪接一枪刺出，董公只是连连退步化解，眼见退到宫墙脚下，已无退路。沙回回一见，乐得心花怒放，暗想，这次你可死定了。他使出吃奶力气又刺出一枪，只听耳中"当"的一声大响，眼前尘土飞扬。待烟尘散去，沙回回定睛一看，不由得倒吸凉气，原来大枪已深深地扎进大墙里。董公却端坐在墙头上，冲沙回回微微一笑说："你用力太猛了。"然后跳下墙来，扬长而去。

从此，沙回回夫妇更加仇恨董公，恨不能马上拔去这个眼中钉、肉中刺。沙回回夫妇二人商议，明的不成就来暗的。一天夜晚，外面伸手不见五指，夜渐渐深了，王府内寂静无声，冷风瑟瑟，一片肃杀景象。沙回回夫妇蹑手蹑脚地溜到董公所住窗下，伏下身来侧耳偷听室内动静。室内静悄悄的，二人遂站起来，手指沾唾液，轻轻捅破窗户纸，单眼吊线向室内窥探。只见董公在一张太师椅上安然端坐，仿佛一个入定的老僧。沙回回忙端起枪，对准董公的身躯猛地扣动扳机，一声震耳欲聋的巨响，窗户被炸碎，室内布满浓烟。

　　沙回回心想，董公必死无疑。二人忙推门进屋查看，屋内一派狼藉，太师椅已变成一堆木渣，可没见董公身影。二人惊愕间，忽觉肩膀被人拍了一下，沙回回吃了一惊，暗道"有鬼了"。转身一看，原来董公已站在身后，不由吓得双腿打战，冷汗直流。董公向二人说："你们走吧，再不要做这种下流事了，不然没有好结果。"沙回回夫妇抱头鼠窜，狼狈奔逃，不等天亮，王府内已不见二人身影。

　　在王府的日子里，董公深得王爷器重。有时待王爷入寝后，董公在外殿静坐守护，白天经常与王爷讲武论道。一日，二人在花园内喝茶聊天，谈性正浓，忽然一群麻雀喳喳飞来，扰人心烦。董公一见忙腾身跃起，眨眼间双手连抓其三，轻轻地落在地上。王爷非常高兴，重重赏赐董公。

　　一次，董公被王爷某宗亲迎居府中。一日，宗亲夫妇二人在室内闲话，忽闻外面有孩童嬉笑之声，仿佛是自己孩子从屋顶发出的笑声，急忙推窗查看。原来是董公背着自己的公子在房顶上飞跑跳跃，因而惹得小孩子大笑不已。夫妇忙奔出房门招呼董公下来，跪求"驾云"之术。董公无法应允，强调夫妇二人年龄较高，无法习练，婉言谢绝。

　　董公未到王府之前，一日游历来到塞外，遇一伙强人打劫客商。董公一见勃然大怒，便上前理论。没想到这伙贼人都是塞外有名的飞贼，一个个武功高深，数十人刀枪齐施，围杀董公。董公赤手空拳从容应战，展开八卦掌法，只见他身似游龙，势如猛虎，四面拒敌，急如旋风，将群贼打翻在地，群贼连呼："好汉饶命！"此战令董公威震塞外，各路英雄皆交口称神勇，贼寇闻风丧胆。

　　董公在王府虽然能够传授府外弟子，但平民进王府总是不便。于是董公借年事已老，不能伺候王爷了，祈求王爷恩准去府外居住。王爷应允后，初时被徒孙马贵迎养在家，后又在弟子马维祺家小住三年，最后被弟子兼义女婿史计栋接至家中，直至去世。

　　董公出王府后，广收门徒。真正得其真传的要数尹福、马维祺、程廷华、史计栋等，其中马维祺的功夫最为深厚。一天，马维祺和程廷华先后来到董公住处，董公心里高兴，命二人试手，董公则坐在床沿背靠墙壁观瞧，马、程二人便搭上手。几招后，马维祺的右掌按在程廷华的胸前，程廷华"咚"的一下被打起，后背撞向董公。马维祺大吃一惊，因董公年事已高，如被撞上太危险了。此时程廷华却"咚"的一声撞到墙上，震得墙上油灯"啪"的一下摔在地上。董公却已坐在外屋的太师椅上了。可见董公身法之快，轻功之高，令人叹为观止。

有一年，京城闹飞贼，此贼昼伏夜出，专偷官宦人家，窃取奇珍异宝，令京城大户人家惊恐不安。官府派出众多捕快，夜夜蹲守，四处寻访，均捉拿不获，令官府不由得头疼，众捕快皆束手无策。董公闻知后，心中好奇，便每天夜晚只身巡查各路。一天，夜已深，董公忽然发现一黑影跃上一家民房。董公一见，便纵身而起，追了过去，黑影发现有人尾随，便施展轻功拼命向人烟稀少的地方逃去，想甩掉追赶之人，但那是枉费心机，一会儿，便被追上了。黑影一看逃不掉，忙右手一举，抽出后背单刀，转身亮刀迎向董公。待定睛看追赶之人，只吓得他魂飞魄散，抛刀在地，跪伏在地连连叩头说："师傅饶命。"董公仔细一看，竟是曾在塞外收的徒弟李某。董公一见大怒，责其过错。李某跪地哀告："师父，不是弟子不遵您教诲，只是家乡荒旱，连年无雨，颗粒无收，只得进京偷盗，解救全村人，望师父饶恕。"董公见其意诚，又深知百姓疾苦，便说："你走吧，以后不要再干这种偷盗勾当。今后不许再讲是我的徒弟，否则定然取你的狗命。"李某泪洒在地，连连叩头，辞别董公飞奔而去。以后董公教授弟子，只教八卦掌法，不再传授轻功。我曾听很多八卦掌前辈提及此事，并讲董公离世后，塞外曾有人找到尹福，问其董公是否留有东西，但董公离世后，却无物件留下。

董公与杨露禅曾经比武之事，是真实的事情。他二人经朋友介绍，见面后一搭手，马上握手言和。二人虽未动手，但对方武功之深浅各自心中明白，因怕自己输，又怕对方输。他们知道，武术练到他二人的境界，是花一辈子心血苦熬多少岁月炼成的。他二人都为对方考虑，抛弃争强好胜之念，他们的高尚武德和胸怀，为武学后辈们树立了光辉典范。令我们遗憾和惋惜的是董公和杨露禅二人都不识字，所以没有留下著作。如果有著作，那将是对武学后人及社会巨大的贡献！

我听程廷华次子程有信先生说过："董公去世前数月，每天进食很少，有时一天只吃一个烧饼，时常静坐不见外客，临终时仍以两臂做转掌式，以至所着衫袖都被磨烂，意思是嘱咐门人重视八卦掌永传不绝。"据传，弟子们见董公已然咽气，想把董公衣衫脱下，换装榇衣服。不料一弟子刚要解董公衣衫，只听啪的一声被董公打出。弟子们只好仅换上外衣。当换鞋时一看董公手足，真如铁汉一般，虽死犹生。我想，此事可能会有，因董公是宦官，不愿别人见到自己的隐私，故而出手保护。

碑文中写道：董公"力大貌奇，方腰骈肋""手长过膝数寸，故拳掌出人意外，皆难防范，有异相因有异术，名噪一时，争相师事"。于是八卦掌广泛传播于世，代代相承。八卦刀身长四尺二寸，加之董公双手过膝，刀一伸就有七尺多长。想象董公如持刀在手，恰如天神，是何等威风神勇。我们崇敬董公，崇敬八卦掌法，要继承和发扬,使八卦掌广为流传,走出中国,走向世界,我们祝愿八卦掌这朵武林奇葩,永远流传于人世,发扬光大。

(三)董公主要传人

1. 尹福先生及其主要弟子

尹福(1840—1909),字德安,号寿鹏,河北冀州(今冀州区北漳淮乡北漳淮村)人。尹先生早年学过罗汉拳、弹腿和砲锤,20岁后拜在董公门下,受教颇多。由于天资聪慧,深得八卦掌之神髓,为董公大弟子。尹先生身材瘦长,面貌清秀,故人称"瘦尹"。

尹先生早年曾以售卖油条、烧饼为业,后供职于宫中,曾先后教过总管太监和光绪皇帝八卦掌。

尹先生将罗汉拳、弹腿和砲锤之精华融入八卦掌中,把八卦掌加以充实和完善,以其独特风格,成为世人称道的尹氏八卦掌。

尹福先生的弟子很多,著名弟子有马贵、宫宝田、何金魁、杨俊峰、尹金璋、尹金玉、尹玉璋、门宝珍、金毓慧等。

马贵(1857—1941),字世卿,祖居北京。身材矮小,体态宽厚,以开永义木器厂为业,人称"木马"。马先生18岁拜尹福为师,并得到董海川先生亲自指点,造诣颇深,深受同门推崇,但不肯授人,没有门徒。马贵一生嗜武,不治生产,终至家业败落,晚年生活孤苦,令人叹息。叹其技艺之精,叹其守密不传,令人憾矣。

宫宝田(1871—1943),字子瑛,山东牟平县人。为尹福得意弟子,功夫深厚,动作精悍,矫健异常,故有"猴宫"之美称。

何金魁(1885—1965),字云轩,幼时过继给太监何德寿为子。何德寿在宫中任寿膳房总管,掌管宫廷秘术科。何金魁承其技艺,又入尹福门下,技艺大精,娶尹先生之女尹金玉为妻,可谓尹氏门中显赫之人。其子何忠祺得其衣钵,并得到马贵、尹玉璋等传授,可谓尹氏家传正宗之正宗。

尹玉璋(1890—1950),字佩瑶,尹福先生次子。尹玉璋先生曾在北京、青岛等地传艺,颇有声望,1932年著有《八卦掌简编》一书传世。

杨俊峰,人称"磁器杨"。门宝珍,卖水为业,人称"门大个子"。居庆元、李永庆、金毓慧(又名曾增启,字省三),都是尹福先生的著名弟子。曾省三有"三十六歌、四十八法"和"七星杆"套路流传于世,为同门所传习和称道。

2. 程廷华先生及其主要弟子

程廷华(1848—1900),字应芳,河北深县(今衡水市深州市)人。程先生早年练过摔跤和少林拳,经人引荐,拜在董海川先生门下,深得八卦掌之精奥。程先生身长力大,以制卖眼镜为业,武林人称"神力眼镜程"。

1900年,八国联军进北京。一天,他在回家途中,为救护被德军欺侮之平民,惨遭乱枪杀害。身故之时年仅52岁，正是日上中天之时，实为八卦掌门中的重大损失。其抗敌之高节，屡为世人称赞，民族英雄也。著名武术理论家徐哲东先生编著的《国技论略》中写道："凡言八卦掌，几无不知有眼镜程也。"而前辈们多言："凡会练单换掌、双换掌和顺势掌的人们无不得到程先生的传授。"可见程氏八卦掌影响之广泛和深远。

程先生将摔跤等技艺融入八卦掌中，充实完善，形成了自己的独特风格，成为武林中人人称道的程氏八卦掌。

程先生的弟子也很多，著名弟子有李文彪、孙禄堂、张永德、周祥、程有功、程有龙、程有信、冯俊义、张玉魁、阚龄峰、杨明山、刘斌等。

李文彪，字光普，程廷华先生的著名弟子之一。李先生身材魁梧，目大神威，气势磅礴，虽形彪力巨，但武学却精奥高深。他曾随徐世昌到东北，在奉天任探访局局长，故人称"大令"。当时许多武术名家如程有功、霸州李、神跤计四、劈挂李宝荣等都是其部下。在奉天时，遇道士李凤九。李凤九精于技击，擅长剑术，曾书一匾额"天下无敌手"，悬于道观之外，自命不凡。文彪拟微惩之，以挫其傲气。一日，与程有功前往，二李相遇，文彪初以理教育之，道士怒，连进数拳，文彪不慌不忙，连化带走，突起一掌，道士跌出丈余。再比试剑术，文彪施展八卦剑法，左驰右骋，疾若闪电，道士惊悸间，文彪抽身捧剑走出圈外曰："汝看看自己受伤否？"道士检视周身上下，始知衫袖已被剑挑碎，遂甘服而去其匾额，不复狂妄矣。后二李友善，交往甚密。李文彪后在曹锟部下任职，冯玉祥倒戈时，不幸在北京直隶桥被魏忠霖的军队乱枪所杀。李先生功力超群，有口皆碑，他的许多轶事一直为武林人士津津乐道。

孙禄堂（1860—1933），号涵斋，河北定县人，一代武术大师。孙先生先从郭云深弟子李奎垣学形意拳，后拜程廷华先生学习八卦掌，五十余岁与郝为贞相遇，成为知己深交，遂习太极拳。孙先生精研三派拳艺，得其精微，复融会贯通，南北驰名，著作有《拳意述真》《形意拳学》《八卦掌学》《太极拳学》《八卦剑》流传后世。

程有功，字湘亭，程廷华先生的侄子。程有功的八卦掌为程先生亲手所传，练功艰苦勤奋，寒暑不辍，功力特别深厚。初练八卦掌时，在"眼镜程"督导下，只准睡眼镜肆柜台，他鸡鸣即起，只身苦练，夜晚仍需练习，数年则功力大进。中年后任职奉天探访局时，程先生已负盛誉，但仍坚持练功，经常手托数十斤铁棍转掌，不使少息。有功先生于青年艺成时，曾代替其叔父到北京某宗贵府第护院。初为府中其他武师嘲弄，先生忍耐，继而与之理论，然武师愈加侮辱，终至交手。先生应对时，只一塌掌，犯者跌出丈余。此后，武师等坚欲拜师，先生以自己年幼，遂推荐为"眼镜程"之记名弟子。先生于探访局办案缉盗，屡建大功，一时盗匪无不闻名而丧胆，而百姓愈加称颂。程先生曾在张作霖府任职，传授张学良八卦掌。

程有龙（1872—1929），字海亭，程廷华先生长子。其幼年承家学，丧父后练习拳技更为勤奋，曾随杨健侯习太极拳，融汇两家之长，创"八卦太极拳"。有龙先生貌白皙、性豪爽，有儒者之风，精八卦掌，善书画，能文章，为时人所称道。他经常教育后学要尊古学，勿使拳术流于花假。先生精研拳理，对八卦掌及八卦器械"子午鸳鸯钺"等皆研究精微，为后学者之楷模。

程有信，字寿亭，程廷华先生之次子，虽未得到程廷华亲传，但程老先生的弟子们，哪一个也不敢不教、不给予尽心传授，故程先生非常博学。因个子矮小狠下功夫，功力深厚，擅长下盘掌，人称"矬爷"。

冯俊义，人称"飞腿"。**张玉魁**，磨面粉出身，人称"磨倌张"。**阚龄峰**人称"阚八爷"。**张永德**，卖靴子出身，人称"靴子张"，给人写信时不会签名，而是画一只"靴子"，因此得名。**周祥**人称"周麻子"。他们的功夫都异常深厚，为八卦掌的发扬光大立下汗马功劳。

郭同德，卖馒头为业，人称"馒头郭"；**杨明山**开始学制眼镜，后拜师学八卦掌；**刘斌**为程廷华先生最小徒弟，都得程先生之亲传，功夫精纯，在京城享有盛名。

3. 其他传人

马维祺（1857—1886），自幼习武，拜董海川先生为师后，功力大进，武艺超群，声名赫赫。马先生祖居北京，在北京东城设有维记的煤铺，故人称"煤马"。马先生脾气暴烈，好与人斗，经常伤人，仇家较多。一日醉后回家，在黑暗中被人暗算致伤，后不治而死，仅有29岁，身后没有传人。马维祺功力高超，为同门交口称道，赞誉有加，有"煤马"功夫超过尹、程之说。

史计栋（1837—1909），字振邦，为董海川先生著名弟子，也是义女婿，人称"贼腿史六"。观其墓表，可了解其人行状。

冀县六品顶戴史君振邦墓表

当有清同治光绪间，有所谓董太监者，字海川，以拳技显名于京师，号其曰八卦掌。人初学其术时，皆先教之旋转，支右肱而左行，支左肱则向右行，如推磨者然，俗称约"磨门"。击人与避人击，皆从此变化，有奇学之称，一人可敌数十人。其徒友遍京城内外，递相传授，先后辈相称谓，如家人骨肉然，继承其门而益广大之者，独推吾冀史君。君皆基本术最精，而名亦最著。君讳计栋，字振邦，行六，据京师为木商，皆以史六称之，识与不识，莫不闻其名。

祖讳俊，父讳鹏飞，聘赵氏，配吉氏，无子以兄子立发为嗣。君卒于宣统元年正月二十六日，享年七十有三。即于其年葬于所居小寨村西南祖墓，葬之日，来会者近千人。

君为人慷慨，好义侠，即从董太监游，董老衣食之需皆由君供给，殁则为营葬地，并负其棺椁寿衣之费。性笃于友爱，尤善辩说，凡京师劳资有争议，由君居间仲裁，咸意满而争议息。以后补外，随守备王德录先生缉盗十一名，经步军统领奉奖六品顶戴。君生平居京师最久，间亦归乡里，从学掌技者无虚日，其徒友士农工商各界皆有，当君之未殁时，吾国人惩于外辱，于天津成立武术馆，欲以振起民族之衰弱。入会者以君之徒友为多。其后各师旅大员领其事，再拟在各省以资立分馆，虽尚未能实行，而君逝世矣。弟润甲来征文，吾应之曰：吾亦时闻史六之名者，虽不辨而为之文，抑以勉其徒焉。

中华民国二十年　冀县易安撰文

　　史先生著名弟子有韩福顺，再传弟子吴俊山也享有盛名。

　　梁振圃（1863—1932），字照庭，河北冀州人。梁先生15岁入京学估衣行，故人称"估衣梁"。其幼年曾随秦凤仪老拳师学弹腿，16岁时拜董海川先生为师。董先生1882年谢世，所以梁先生真正受教董先生不过两年有余，其八卦掌法多学自尹福和程廷华二位先生。因而他的八卦掌的风格没有超出尹、程二人之规范。梁先生深得八卦掌之精髓，功夫深厚，曾因马家堡械斗打死二十多人而入狱。1900年随炸狱人逃出，回家隐居。晚年在河北省十四中学教拳术，弟子学生很多，著名弟子有田秀峰、郭古民、李少庵等人。

　　刘凤春（1853—1922），字茂斋，河北涿州人。刘先生十余岁时来北京前门打磨厂吉祥胡同学做翠花手艺，故人称"翠花刘"。打磨厂与程廷华先生的花市上四条相距不过200米，故二人交往甚密，引荐拜于董先生门下。谱载："刘凤春入董门晚，受董教浅，程廷华强教之，刘亦力学不倦，终成一代高手。"刘先生曾说过："我一个单换掌就练了3年，程先生亲自按着我的头转。"刘先生身不满五尺，但功夫十分纯厚，动作敏捷，一个单换掌未逢敌手。刘先生传人很少，著名的有付剑秋、李剑华、徐禹生与刘文华等人。

　　张占魁（1865—1938），字兆东，河北河间府人。张先生与李存义先生从师刘奇兰学形意拳，与程廷华为结义兄弟，于是由程先生代师传艺（牌位帖），亲授二人八卦掌。二位先生已精形意拳，又习八卦掌，于是技艺大成，深得八卦掌之精奥。因张先生当过捕快，故人称"快马张"，其八卦掌风格与程氏无异。其著名弟子有王俊臣、韩慕侠、姚馥春、赵道新、裘稚和、姜容樵、钱树乔等人。

　　刘宝珍（1861—1922），字聘卿，河北固安县人。在光绪九年的《董先生墓志铭》碑阴铭文众弟子名单中列39名，亦即刘宝贞。其著名弟子有肖海波、任致诚等人。

二、八卦掌的风格特色

八卦掌是以掌法变换和行圆走转为主要特征的内家拳术。由于练习八卦掌时要走圈，每圈走八步，恰合八卦的乾、坎、艮、震、巽、离、坤、兑八个方位，走圈时如按八卦卦相运动，故名谓"八卦掌"。八卦掌在掌法、步法、身形、运作等方面有如下风格特色。

（一）前后掌

练习八卦掌时要求前后掌：一掌前伸，对正圈心；一掌护后，置于前臂肘下。两掌均要拇指、食指分开，虎口圆撑，中指直立指天，无名指、小指自然弯曲。手掌掌形仿佛龙爪，彰显声势，随时随地有抓取、进攻之意，故名"龙爪掌"。"龙爪掌"是程氏八卦掌标志性特色之一。尹氏八卦掌的掌形似牛舌，故名"牛舌掌"。

（二）三势

练习程氏八卦掌讲究"三势"：步如趟泥，手如拧绳，转如磨磨。八卦掌行走时要五趾抓地，双足磨胫而行，仿佛走在泥水中，稳重中追求轻灵和快捷，其步名曰"趟泥步"。练习八卦掌要坚持走圈。老前辈们习惯于绕着一棵小树而转，转的时间长了，能绕着小树走出一圈小沟。不知不觉中，小树长粗长高了，而练习者的功夫也练成了。老前辈们因此常讲："树长艺长，年长月久，根深叶茂。"走圈时，双臂前伸，仿佛推磨一般，故称"转如磨磨"。双臂前伸时，讲究滚钻拧裹，老前辈们称"转掌如拧绳"：臂要拧，双掌掌指外沿拧向圈心；头要拧，目视前方圈心；腰要拧，胸口即膻中穴部位对正圈心；双足还要沿圈做切线状交替行进。"三势"是练习八卦掌的基本要诀。

（三）三盘

"三盘"是指走圈时的姿势高矮。上盘架子高，如平时行路一般，故名"行步"，适合老年人练习；中盘架子适中，要屈腿坐身，行走时要把双腿趟出去，易出功夫，适合中年、青年人练习；下盘架子很低，几乎膝胯相平，很难练习，也很少有人练习。歌诀曰："掌法虽分上中下，上下不过是掌架，圆转自如唯中盘，高下全凭腿变化。"

（四）三形

八卦掌讲究"三形"，是指"行走如龙，动转若猴，换势似鹰"。转掌时双掌前伸，五指分开，有如龙的两个前爪，拧头、拧臂、拧腰而行，喻为龙行，即"行走如龙"。

正因如此，黄柏年先生把他所著的程氏八卦掌命名为"龙形八卦掌"。"动转若猴"指步子要活，身法要活，掌法更要活，只有上下内外协调一致，才能转动间快速、灵活、敏捷，有如活猴一般。"换势似鹰"是指程氏八卦掌的掌势变化，即换掌变势时姿势要舒展，气势要宏伟，身法要灵活，掌掌含内力，有如鹰击长空一般。这样练出的程氏八卦掌不仅姿势美观，而且形神俱备，处处见功夫。

（五）步法

尹氏八卦掌走小步，趋于急行，亦名"自然步"。程廷华先生早年练过摔跤，他把跤法融会到八卦掌中并充实完善，逐渐形成了自己的独特风格。摔跤时要用绊子，他将绊子融汇到八卦掌的步中来，就形成了摆步和扣步。所以，程氏八卦掌以摆步、扣步为主，摆步、扣步是程氏八卦掌的特色之一。

（六）腿法

尹氏八卦掌的腿法很多，有摆、扣、踢、点、崩、翻、劈、踹、蹬、截、切等。程氏八卦掌以点腿为主。程氏门中的老前辈都善用"点"腿，即松胯，屈膝，把力量贯注到足尖之上，以足尖点上对方，有如蛇之吐信，既快捷又有力。但程氏、尹氏八卦掌的腿法都要在掌法、身法的配合下，贴身暗递，方臻神妙。

（七）掌劲

尹氏八卦掌出手直接，讲究冷、脆、硬、快，善爆炸劲、顿挫劲，称为"硬掌"。程氏掌讲究拧裹钻翻，故多螺旋劲，多以塌掌为主，善爆炸劲，善吸化发放，以"寸劲伤人"。

（八）阴阳

八卦掌讲究刚柔、虚实、开合、动静、起落、进退、疾徐、斜正……无不是矛盾的两个方面。它们既是对立的，又是统一的，而且时时处在互相转化之中，这些暗合了《周易》中"刚柔相推，变在其中矣"的阴阳之理。八卦掌讲究"阴阳之理"也是其特色之一。

（九）变化无定

八卦掌讲究拧裹钻翻，展放收紧，以意领气，以意领力，气沉丹田，内外合一。一动无有不动，时时处处都要掌随身动，步随掌变，意动身随，处处有变，不仅要形神兼备，更要劲力沉实，刚柔相济，这样才能如程廷华先生所言："与敌交手时，或粘或走，或开或合，或即或离，或顶或丢，忽隐忽现，或忽然一离相去一丈余远，忽然而回即在目前，用全身之力，或用一手，或二指，或一指之一节，忽虚忽实，忽刚忽柔，无有定势，变化莫测也。"所以说在与敌交手时，"掌随身动，步随掌变，意动身随，无有定形，处处有变"，变化莫测也是八卦掌的特色之一。

（十）走圈

练习八卦掌必须走圈，每圈走九步、十步或更多步都可以，但走起来圈太大，易使掌法散漫，因拧腰的角度太大，也就做不到"转掌如拧绳"了；每圈走六七步或更少的步也可以，但圈子太小，不仅掌势拘谨，劲力不能通达，而且也不能充分地练习八卦趟泥步，无法练习八卦掌。八卦掌的技击特点之一是"以走为用"，在长期的实践中众人皆以八步为宜，仿佛脚踩乾、坎、艮、震、巽、离、坤、兑八个方位，故命名为"八卦掌"。既然被命名为八卦掌，就有前辈根据"八卦"的卦数，推演出八大掌、八八六十四掌、八八六十四手等。尹福先生所传名为"八大势"，程廷华先生所传名为"八大掌"。

三、八卦掌的技击特点

各种拳术各有风格，也就有各自拳术的技击特点，而风格与技击特点是相互关联的，是一致的。

练习八卦掌要一掌前伸，一掌护后，头拧、颈拧、手臂拧、手腕拧、腰拧，拧出一个整劲。习练时，常围绕小树而转，通过八大掌、八八六十四掌的练习来掌握八卦掌的各种掌法、身法、步法和劲力，以达到掌法多变、腰如轴立、脚步灵活、周身和顺、一动无有不动，以及以意领气、以气领力、气沉丹田、劲力沉实、刚柔相济、内外合一的目的。掌法纯熟后，可直行，可斜插，可左旋，可右转，掌随身动，步随掌变，意动身随。八卦掌在应用时处处有变：忽上忽下、忽高忽低、忽疾忽徐、忽隐忽现，有如鹞子穿林，矫捷轻灵，又似苍龙入海，见首不见尾。

八卦掌的技击特点归纳如下：

> 八卦掌法，奥妙无穷；以掌为法，以走为用；
> 斜出正入，脱身换影；刚柔相济，虚实相生；
> 明腿暗腿，七拳互用；意为元帅，眼为先锋；
> 六合归一，放胆成功；攻防真谛，尽在其中。

（一）以掌为法，以走为用

八卦掌是以掌法为主，除反背捶一势外，基本用掌。八卦掌法很多：点、削、云、探、穿、拨、截、拦、推、托、带、领、搬、扣、刁、钻、粘、黏、连、随、开、合、劈、挂、掖、撞、勾、挑、撩、抄、盖、缠等。尹氏八卦掌讲究冲、穿、震、探等，程氏八卦掌以穿、云、推、撞、螺旋等为主。

八卦掌是以走转为主的拳术。练功时要转圈，"功夫本从弯步来"；交手时要走动，"站住即为落地花"。"走"是八卦掌的灵魂。但是八卦中的"走"，不是一走了之、逃之夭夭，而是"以走为用"。我们练功时走圈，就是练习"以走为用"。

动手时，我们可以在敌人面前忽左忽右地"走"，目的是观察敌情，寻找进攻时机，也是为了扰乱对手，使其无从捉摸、无从下手，而处于被动挨打的劣势。走圈绝非围着敌人把敌人转晕，然后一掌打去。再说，人家不是死人，能让你围着转圈而不动吗？有人说八卦掌的走圈就是为了动手前把敌人转晕，岂不是笑话！练习八卦掌时在走圈中变掌换势，变换步法，是为了使步法灵活，上下和随，利于"以走为用"。当对方向我进攻时，我可以忽左忽右地进攻，也可以忽前忽后地进攻，也可以打了就走；当敌人追来时，还可以瞬息而回。"以走为用"，其实也是"避正就斜"的打法，就是"走中打"，即程廷华先生所言："与敌交手时，或粘或走……或忽然一离相去一丈余远，忽然而回即在目前……忽刚忽柔，无有定势，变化莫测也。"

（二）斜出正入，脱身换影

任何拳术都讲究正面交锋，直进直出，快捷干脆，八卦掌也不例外。但八卦掌更讲究"斜出正入"。"斜出正入"就是"避正就斜"，是先"斜出"，避开对手正面进攻之实，不与其正面对抗，随之在对方身侧进身进步，用"正入"方法出其不意地打击之。这样既巧妙又省力，如果运用得当，还能起到"一星管二"的作用，即用我的一只手，控制对方两只手或全身，使对方陷于被动挨打的劣势。

"斜出正入"就是"避正就斜"，因而必须有掌法、腰身、步法的配合方能奏效。在日常练习八卦掌时，要绕树而转，就是把小树假设为敌人，练习避实就虚，即应用了"斜出正入"的技击特点。

人的身体和影子是离不开的，有身就有影，但"影"不能打人，脱开身子换成影子去打人是不可能的。"脱身换影"是指八卦掌的身法变化非常快速，仿佛形影不离似的。练习八卦掌者都应该具有或追求这种神速的身法变换。于是有些老前辈就把令对方防无可防、瞬息而打的某些招数叫作"脱身换影"。但这种掌法必须以多变的掌法、圆活的腰身、敏捷的步法、虚实的劲力为基础，在意念统帅下，达到身随步走、步随掌换、掌随身变、一动无有不动的境界，才可得以实现"脱身换影"。这样的境界，是练习八卦掌者终生追求的目标，有真正的功夫才能实现。所以尹福先生言道："八卦掌讲究掌法赢人，身法赢人，步眼赢人，功夫赢人。"即是指此而言。

<<<

（三）刚柔相济，虚实相生

八卦掌创始人董公海川的墓碑上记有"公神力得自天授，而技艺又获自仙传""十数勇士围攻，所到皆疲""此后遂无有能敌之者"。董公的弟子尹福先生，身材修长，人称"瘦尹"，但掌力无比沉厚，讲究冷、脆、硬、快，爆发顿挫，弹抖吸化。董公的弟子程廷华先生，技艺神奇，掌力浑厚，讲究缠裹圆活、爆炸缠抖，人称"神力眼镜程"。尹福弟子马贵、门宝珍，程廷华弟子张玉魁、冯俊义、程有功等，无不臂力沉厚，只要单臂一出，对方推都推不动，更谈不上进招递手！程廷华先生弟子李文彪，塌掌按在对方胸上，只需三成劲，劲到人伤，武林人士众口皆碑，无不称道。从众前辈可见，八卦掌最重要的是要练出沉厚的掌力。

八卦掌的劲力不是所谓的拙力气，是通过一掌前伸、一掌护后、拧裹钻翻的练习，把拙力转化为一种内劲。这种内劲有刚有柔，要柔中寓刚、刚中寓柔。因为纯刚不易变化，易被人所制，过柔则太软弱而痿。所以动手时当刚则刚、当柔则柔，只有刚柔相济，才称得上八卦掌的劲力，才称得上功夫。这样在交手时可打、可化、可发、可伤，得心应手。

练习八卦掌时双掌伸于胸前，一手前一手后地向左走圈，又向右走圈，换左掌、换左势，又换右掌、换右势，这都是为什么呢？目的是虚实相生，虚实互易，令敌莫测、克敌制胜。

当敌人发现我前掌打来，后掌护后，方要招架进攻时，我已变化，后掌已经超过了前掌，由虚变实，打中对方。当敌人发现我在他的身体右侧时，欲抽招换势进攻我时，我已换到敌人身左了，忽左忽右，令敌人难以捉摸和防范，这就是八卦掌，这就是"或粘或走，或开或合，或即或离，或顶或丢，忽隐忽现，或忽然一离相去一丈余远，忽然而回即在目前……忽虚忽实，忽刚忽柔，无有定势，变化莫测也"。

可以说，八卦掌无时不讲究虚实、刚柔、开合、进退等，即"阴阳之道"。

（四）明腿暗腿，七拳互用

八卦掌的腿法很多，有摆、扣、踢、曲、点、崩、翻、劈、踹、蹬、截、切等。八卦掌有上中下三盘功夫，腿法就有上中下之分，加之有左有右，故十二腿亦可称三十六腿或七十二腿，所以八卦掌有三十六截腿、七十二暗腿之说。程氏八卦掌法中更善用摆、踢、点、踹、蹬、截、切。

"七拳"者何也？七拳是指肩、肘、腕、胯、膝、手、足。其实身体无处不可用，无处不可打也。头可领可顶，臂可拧可崩，胸可收可发，背可撞可拱，腹可收可撞，臀可收可放，不可胜数。可以说无处不可打，但必须近身时方能奏效。如何才能近身？依赖脚步的变化，也就是老前辈经常说的"步眼赢人"。

（五）意为元帅，眼为先锋

八卦掌法讲究"以意当先"。意念就像出兵打仗时的元帅一样，无比重要，他要指挥三军，军中的一切无不在他的统帅之下。眼睛仿佛是先锋，好像一个尖刀排，走在队伍的前面，冲锋陷阵，侦察敌情，回报指挥部，以利统兵之帅制定战略战术，指挥战斗，战胜敌人。所以，练习八卦掌时要以意领气（用意念引领气的运行，是气沉丹田，还是达于手掌，是五指，还是某一指），以意领力（内力达于掌，还是达于肩），用意念统帅支配掌法的练习和变化。交手时更要"意为元帅，眼为先锋"，用意念统帅支配攻防的一切，达到战胜敌人的目的。所以八卦掌的技击特点之一就是"意为元帅，眼为先锋"。

（六）六合归一，放胆成功

八卦掌是一种内家拳术。《文安董公墓志》中记有："日习击刺进退之法，练神导气之功。"这里的"击刺进退之法"指的是技击，"练神导气之功"指的是养气。八卦掌外练肩、胯、肘、膝、手、足协调灵变之法，内练意、气、力之合而劲力生，因而八卦掌法为内外六合、六合归一之掌法。

所谓"六合"指的是手与足合、肘与膝合、肩与胯合，谓之外三合；意与气合、气与力合、力与意合，谓之内三合。内外相合，即为六合。

练习八卦掌就是练"六合归一"，但是要达到"六合归一"，必须有持之以恒的练习，年长月久，方能成功，这就是功夫。没有这种功夫，交手时无法得心应手，谈不上行家里手，更谈不上名家高手。

练习八卦掌，已经达到"六合归一"的境界了，是否就真的能够战胜敌人呢？有的人心地善良，不愿伤人；有的人深知自己有了功夫，怕出手伤人而不敢出手。但心里一善，手上一善，出手留了分寸不想伤人，反而被敌人所伤，这种例子在武林中屡见不鲜。这就是老前辈常谈的"善者莫动"的道理。我们练习八卦掌的目的不是为了欺负人，不是为了干坏事，练习八卦掌的人应该有武德，应该有责任、有义务见义勇为，因而学习一些防身的技击本领，在敌人面前不手软，能放手，即"放胆成功"也。

（七）攻防真谛，尽在其中

经过多年的练习，能够做到以掌为法、以走为用，斜出正入、脱身换影、刚柔相济、虚实相生、明腿暗腿、七拳互用，意为元帅、眼为先锋、六合归一、放胆成功的话，八卦掌可谓已练到家了，交手时定能得心应手，随心所欲，出奇制胜，攻防的真谛尽在其中。只要我们刻苦练功，潜心钻研领悟，在名师指导下，不难达到以上境界。

四、八卦掌的功理功法

形意拳的技击特点是直进直出，硬打硬进，所以练功多采取直进形式，通过五行十二形的练习，达到"脚打踩意不落空，进退好似卷地风""脚踏中门抢地位，硬打硬进无遮拦"的境界。太极拳的技击特点是引进落空，以巧破千斤，多采取盘架子、推手为主的练习方法，从而达到"听劲""懂劲""掤捋挤按需认真，上下相随人难进，任他巨力来打我，牵动四两拨千斤，引进落空合即出，粘连黏随不丢顶"的境界。八卦掌的技击特点是"以掌为法，以走为用，斜出正入，阴阳互动"，所以它的练功方法就是围小树而转，通过左旋右转，拧裹钻翻的掌法练习，达到"掌法赢人，身法赢人，步眼赢人，功夫赢人"的境界。功理功法是练习八卦掌的要领，只有遵照这些要领去练习，才能少走弯路，事半而功倍。

（一）十要

论头：头正颈直，目视前方；虚灵顶劲，有神有意。

论背：含胸圆背，力催身前；不僵不滞，舒展自然。

论肩：双肩里合，宜松宜垂；劲力到手，肩之所为。

论臂：前臂屈伸，后臂护身；滚钻挣裹，变化随心。

论肘：沉肩坠肘，力量到手；肘法要快，攻中有守。

论手：拇指外展，中指上伸；四指贴拢，虎口圆分。

论腰：腰如轴立，刚柔相济；有拧有翻，灵活有力。

论臀：谷道缩提，任督交会；气纳丹田，吸胯溜臀。

论股：前股领路，后股支撑；合膝裹裆，剪股之形。

论足：里足直出，外足微扣；行步趟泥，五趾微扣。

（二）八法

三顶：头要顶，舌要顶，掌要顶。

头上顶，有冲天之雄；舌上顶，可生津液。

手掌外顶，力贯掌指，掌力沉厚。

三扣：两肩扣，掌背扣，足背扣。

两肩扣，气力可以到肘；掌背扣，气力可以到手。

足背扣，五趾抓地，力发于足，力达全身，桩坚步稳。

三圆：脊背圆，前胸圆，虎口圆。

脊背圆，力能催前；前胸圆，两肱力全。

虎口圆，掌指力厚，力能外宣。

三敏：心要敏，眼要敏，掌要敏。

心敏能随机应变；眼敏能眼观六路，监察机宜；掌敏能先发制人。

三抱：心意抱，两肋抱，胆量抱。

心意拢抱，气不外宣；两肋裹抱，出入力全；胆量抱身，临敌不乱。

三垂：气要垂，肩要垂，肘要垂。

气垂则气沉丹田；肩垂则力催肘前；肘垂则两臂自圆。

三屈：两臂屈，两腿屈，两腕屈。

两臂屈则力浑厚；两腿屈则可催身；两腕屈则掌力坚。

三挺：颈要挺，腰要挺，膝要挺。

颈项挺则精神贯顶；腰挺则力贯全身；膝挺则纵弹有力，气腾神怡。

（三）七拳论

"七拳"是指肩、肘、腕、胯、膝、手、足。其实身体无处不可用，无处不可打。头可领可顶，臂可拧可崩，胸可收可发，背可撞可拱，腹可收可撞，臂可收可放，不可胜数。

肩：肩打一阴反一阳，两手只在洞中藏。

左右全凭顶撞力，舒长二字一命亡。

肘：肘打去意占胸膛，起手好似虎扑羊。

上下左右后顶心，攻攻守守势难防。

腕：腕打顶力根在肩，上提下按左右扇。

抽身换势左右用，出奇制胜脚安排。

胯：胯打贴身肩相连，阴阳相合力推山。

外胯好似鱼打挺，里胯上步变势难。

膝：膝打几处人不明，好似猛虎出木笼。

贴身乘势暗顶膝，左右分拨任意行。

手：出手一阴又一阳，后手只在肘下藏。

起落钻翻螺旋力，沉肩坠肘逞刚强。

足：足打踩意不落空，消息全凭后足蹬。

九宫为妙生变化，虚实变换步法生。

（四）阴阳之道

八卦掌者，功夫也。

《周易》曰："易有太极，是生两仪，两仪生四象，四象生八卦。"练功之时，身体立正，凝神静气，气纳丹田，太极也。走圈时，左旋右转，两仪也。变势换掌，四象也。掌分八掌：乾、坎、艮、震、巽、离、坤、兑。八卦，太阴太阳，阳中有阳，阴中有阴，阳中有阴，阴中有阳，阴阳相生，皆为阴阳耳。

八卦掌者，技击也。

凡与人交手，必须"意为元帅，眼为先锋，手脚为刀兵"。手脚动，阴阳生。攻守、进退、起落、纵横、开合、疾徐、动静、刚柔、虚实、斜正，无不合阴阳之理。

守攻：攻中有守，守中有攻，攻守兼备，此谓守攻。

进退：退中有进，进中有退，进退随心，此谓进退。

起落：落中有起，起中有落，起落随意，此谓起落。

纵横：横能破纵，纵能破横，横纵互用，此为纵横。

开合：合中有开，开中有合，随机随势，此谓开合。

疾徐：徐中有疾，疾中有徐，疾中求疾，此谓疾徐。

动静：动中求静，静中求动。若言其静，未窥其机。若言其动，未见其迹。动静随心，此谓动静。

刚柔：柔中寓刚，刚中寓柔，过刚易折，过柔易痿。当刚则刚，当柔则柔，刚柔相济，此谓刚柔。

虚实：足有虚实，掌有虚实，招有虚实，劲有虚实，一处有一处虚实，处处皆有此虚实。虚中有实，实中有虚，当虚则虚，当实则实，虚实莫测，变化得宜，此谓虚实。

斜正：斜出正入，是先斜后正；正入斜出，是先正后斜。正中有斜，斜中有正，当斜则斜，当正则正，随机应变，斜正随心，此谓斜正。

此外，头有前领后顶，左拧右拧；肩有前撞后撞，左右横冲；肘有上提斜掩，左右互用；腕有回勾前顶，左右横顶；腰有坐塌圆活，左拧右拧；胯有里打外打，左右横撞；膝有上提下落，左右横行；足有急行速停，有摆有扣……处处皆为阴阳也。综观之，练功、技击者皆为阴阳之理。阴阳相生，阴阳互易，实乃八卦掌之真谛。

《周易》曰："日月相推而明生焉。""寒暑相推而岁生焉。""刚柔相推，变在其中矣。"明白此阴阳相推，掌法生、身法活、腿法灵、步眼全、劲力行……变化万端，神奇莫测，八卦掌法尽在其中！

《周易》曰："一阴一阳之谓道。"八卦掌法，乃阴阳之道。

>>>

五、八卦掌练习方法与注意事项

（一）练习方法

八卦掌是以掌法和走转为主要特征的拳术，练功时要"走"，交手时更是"以走为用"，时时离不开"走"。要想走好，首先就要练好"八卦趟泥步"。

练习"八卦趟泥步"时，要头正颈直，微收下颌，嘴微闭，舌抵上腭，用鼻呼吸，上身正直，同时提肛溜臀，坐身屈膝，自然呼吸，气沉丹田，目视前方。步行时，前足轻轻提起，沿后足之内侧向前行进。行时，膝微屈，不掀足尖，全腿放松，不要绷劲。落足时五趾抓地，抓地时后足沿前足之踝骨处行进，姿势相同，行走步数不限，回身时前足可在后足前扣成丁字步，行至起势处，前足在后足前扣丁字步回身。可如此来回反复练习。步行时几乎擦地而过，仿佛行在泥水之中，故名"八卦趟泥步"。

直行趟泥步练习纯熟后，可练走圈。走圈的姿势和动作要领与直行趟泥步相同，不同之处是要走圈，走圈时里足直迈，外足微扣，每圈走八步，圈数不限，但左转和右转的圈数要相同，呼吸自然，气沉丹田。

走圈有了基础，可以练习基础八掌，即定势八掌。在此基础上，就可以练习八大掌了。八大掌是八卦掌的核心套路，是练习八卦掌的根本。只有通过对八大掌的刻苦练习，才能得到八卦掌的真功夫。有些老人，没有武术的基础，没有气力再去走圈练掌，为了健身和益寿，随意走走转转、换换掌势是可以的。但有些运动员，特别是从事武术工作的人要在八大掌上下功夫，一味追求复杂美观的套路，参加比赛和表演，即使可能会得到金牌，也只能是花架子而已，很难得到八卦掌的真功夫，更体会不到八卦掌的精髓。

为了更深刻地透悟八卦掌之精妙，进一步提高八卦掌功夫，可以练习八八六十四掌，从而掌握八卦掌的单换用法、双换用法、顺势用法、背势用法、转身用法、磨身用法、翻身用法、回身用法。同时还可以练习八卦游身连环掌、九宫掌来丰富自己神奇莫测的八卦掌法或手法，熟练掌握八卦掌的技击特点，学到真正的自卫防身的本领，出手成招，克敌制胜。

拳谚云："千招会，不如一招熟。"因为熟能生巧，巧能变化，出手成招，一战成功。怎样才能一招熟？就是除了练习八大掌、六十四掌、九宫掌、八卦连环掌以外，还要"操手"。"操手"就是从千变万化的掌法中选择出最合适自己、最擅长的手法进行单独操练，每天一练就是数十遍、数百遍，经年不已。如程廷华先生最著名的弟子李文彪先生那样，为了练习一个塌掌，每天要打钉有狗皮的木板，一打就是三年，掌心都为之凸起，与人交手时，只要打上三成劲，对方就吃喝不下，何况七成劲、十成劲，无人敢接此手。"操手"的目的有二：一是把手法练熟，出手就能用上；二是把劲力练出来，久而久之，就变成了自己的"绝招"。除了练"绝招"外，还要操一些程氏八卦掌中最常用、最好用、最具有特色的手法，不仅熟能生巧，最主要的是练习八卦掌的劲力，重点是"寸劲"和"爆炸劲"。练不出"寸劲""爆炸劲"就不算作八卦掌法，所以老前辈说："练掌不操手，什么也没有；练掌又操手，出手就能有。"

练习八卦掌的过程就是"说手""喂手""领手""试手"的过程。每掌每势怎么用，老师要讲解，教明白，叫"说手"。老师出手让学生来用，叫"喂手"。在学生掌握一定手法后，老师要领着学生用，叫"领手"。"领手"后才能在同学之间试一试，这就叫"试手"。通过"试手"互相切磋，找出失败和成功的原因，再去练习八卦掌法，自然会更上一层楼，突飞猛进。过去练功，老师经常在自己的学生中拴对，让他们经常比试，不断提高技艺，就是这个道理。

（二）注意事项

1. 谨防"三病"，意气通达

练功时一定要谨防"三病"，即努气、拙力和腆胸挺腹。"努气"就是憋气，造成胸闷气涌而伤肺，过分用腹压气，易造成肠胃出血等病症。"拙力"就是肌肉不放松，不是以意领气、以气领力，循序渐进，而是过于用力，肌肉绷得过紧，造成僵劲，使动作滞涩僵硬而不灵变，影响了内劲的产生和通达，更谈不到虚实互用、刚柔相济了。"腆胸挺腹"会造成周身不灵活，无法练习八卦掌的意、气、力，无法练出八卦掌的内功，不能气沉丹田，何来练就"丹田长命宝，万两黄金不与人"呢？

2. 持之以恒，日积月累

初学走圈时有头晕现象，这是因为长期盯着小树，或只从虎口瞧，目不斜视，目光太专注所致。只要目光稍稍移动，就不会头晕，练功时间长了，自然会克服此现象。练习八卦掌不要"三天打鱼，两天晒网"，要有恒心，有毅力，克服重重困难，如此定能成功。我教过不少学生，有的学生练得很好，但不能坚持，结果一事无成。有的学生初学时很笨，各方面条件都不是很好，但他能持之以恒，每天坚持练习，一练就是几年，结果成了把好手。这种例子屡见不鲜。所以说持之以恒是学好、练好八卦掌的根本。

3. 顺其自然，气沉丹田

气沉丹田主要有两种方式：一种是通过自然呼吸，达到气沉丹田；一种是动作配合呼吸，用腹式呼吸气沉丹田。后者出功快，但必须在已经达到初步气沉丹田的基础上运用，如果硬沉硬压，会产生种种不良后果。通过自然呼吸，会感到小腹饱满或鼓荡，仿佛腰部变粗，这就是气沉丹田的开始。由于功夫深浅不同，感觉也不尽相同，只要顺其自然，功夫一到，定能达到高深的境界。

4.舌抵上腭，提肛溜臀

舌抵上腭能生津液，有助消化和气沉丹田，道家称"金津玉液"。提肛溜臀的目的有二：一是为打通任督二脉，即"搭桥"；二是利于力达腰、脊、臂、手。但不要过于用力去缩"谷道"，以免引发不良现象。

5.勤学苦练，择要精练

学会八大掌，特别是学会六十四掌后，练功要有计划，每天练多长时间，每天练哪几掌，都要有安排。不能每天把所有套路都练一遍，要有选择地练习，重要的掌法更要多练习，这样才能事半而功倍。练习八大掌离不开"青龙探爪"一势。不要转一圈"青龙探爪"就换势，要多转，要转五圈、六圈或十圈方可。八卦掌的老前辈刘凤春先生单换掌练了三年，即一个"青龙探爪"加一个换势就练了三年，功法大成，威名赫赫。

6.时时刻刻，沉肩坠肘

笔者练功六十余年，深深认识到、体会到、领悟到，练习八卦掌要时时刻刻、分分秒秒"沉肩坠肘"，交手时更要时时刻刻、分分秒秒"沉肩坠肘"。"沉肩坠肘"是练习八卦掌的非常重要的功法真谛，要持之以恒追求之、实践之，功夫定会更上一层楼。

第二章

八卦趟泥步

（动作演示：张瑞田）

八卦趟泥步

练习八卦掌时要在走中练，交手时要"以走为用"，时时离不开"走"。所以要想"走"好，必须练好八卦掌的基本功——八卦趟泥步。

一、直行步

直行步有行步、擩步两种练法，分别介绍如下。

（一）行步

1.路线

如图 2-1 所示，假设行至第⑤步后返回。

（收势）

图 2-1

2. 起势

（1）头正颈直，有上顶之意，微收下颌，嘴微闭，舌抵上腭，用鼻呼吸，上身正直，双肩及双臂放松，掌指向下，双臂在身体两侧自然下垂，双足并立，目视前方。（图2-2）

（2）双臂外旋，掌心向上，自体侧徐徐托起，高与眉齐，自然呼吸，目视前方。（图2-3）

（3）双臂内旋，掌心向下，掌指相对，经体前徐徐下落，置于腹前；同时提肛溜臀，坐身屈膝，吸气松腹，气沉丹田，目视前方。（图2-4）

图2-2　　　　　　　图2-3　　　　　　　图2-4

3. 动作

（1）双臂外旋，在身体两侧自然下垂，重心落于右足，左足尽可能不抬足跟，轻轻提起，微蹬右足内侧沿上述路线向①前行一步，前行时膝微屈，脚趾微下扣，不掀足尖，全腿放松，目视前方。（图2-5）

（2）落足时五趾抓地，重心左移，右足立即轻轻提起，微蹬左足内侧向位置②上步，前行时膝微屈，五趾微下扣，不抬足尖，全腿放松，落地时五趾抓地。如此左右足交替直行，步数不限。（图2-6）

（3）回身时，右足在左足前位置⑥处足尖向左扣成丁字步，随之重心右移，左转回身沿直线上左足，上右足，如此交替，沿原线路返回。（图2-7）

（4）行至起势处，用同样动作扣成丁字步左转回身。

图 2-5   图 2-6   图 2-7

4. 收势

（1）在起势之处并右足，双臂外旋，掌心向上，自体侧徐徐托起，同时目视前方。（图 2-8）

（2）双臂内旋，掌心向下，掌指相对，经体前徐徐下落于腹前，同时提肛溜臀，坐身屈膝，气沉丹田，目视前方。（图 2-9）

（3）成立正姿势，双足并立，自然呼吸，气沉丹田，周身放松，目视前方，气定神闲。（图 2-10）

图 2-8   图 2-9   图 2-10

【要点】

行走中要上身放松、提肛溜臀、自然呼吸、气沉丹田，不许前俯后仰、左右摇晃、上下起伏、掀蹄亮掌。落地时要五趾抓地，虚实分明，平起平落。

可以往返练习数次，行走自如时，可收势。练习时可中速，可走中盘或下盘，老年人可走上盘。

（二）摆步

1.路线

如图2-11所示，假设行至第⑤步后返回。

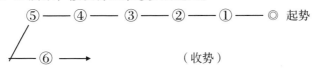

图2-11

2.起势（与行步起势相同）

头正颈直，有上顶之意，微收下颌，嘴微闭，舌抵上腭，用鼻呼吸，上身正直，双肩、双臂放松，掌指向下，双臂在身体两侧自然下垂，双足并立，目视前方。

3.动作

（1）双臂外旋，在身体两侧自然下垂，重心落于右足，左足尽可能不抬足跟，轻轻提起，微蹬右足内侧沿上述路线向①前行一步，前行时膝微屈，五趾微下扣，不掀足尖，全腿放松。

（2）当要落足抓地时暂不抓，继续向前蹬出小半步，在抓地时重心前移。右足随之轻轻提起，重心左移，微蹬左足内侧向位置②前行一步，前行时膝微屈，五趾微下扣，不抬足尖，全腿放松。当要落足抓地时暂不抓，继续向前蹬小半步再五趾抓地，抓地时重心前移，左足随之轻轻提起，如此交替前行。

（3）回身时，右足在左足前位置⑥处，足尖向左扣成丁字步，重心左移，左转回身，沿原路线返回。行至起势之处，用同样动作扣成丁字步，左转回身并步收势。

4.收势

收势动作与"行步"收势相同。

【要点】

所有动作、姿势、要领与"行步"相同，但当要落地时必须向前蹬出半步，才能落地。交手时能在对手两足间踩这半步，则能爆发劲力，把敌人重心打动，使对手仰面跌倒。摆步就是把足塞进去的意思。

二、摆扣步

摆扣步分大摆大扣、中摆中扣和小摆小扣三种类型。

（一）大摆大扣

1. 路线

如图 2-12 所示，假设行至第④步后返回。

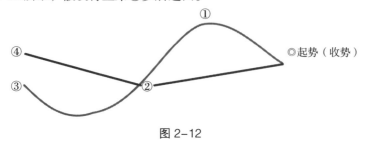

图 2-12

2. 起势

起势动作与行步起势相同。（图 2-13）

3. 动作

（1）双掌掌心向下按于身体两侧，重心右移，左足足尖外展沿弧线向位置①落足成摆步，目视前方。（图 2-14）

（2）上右足，重心落于双足，向下坐身、掰裆，膝和胯要平，提肛溜臀，目视前方。（图 2-15）

图 2-13   图 2-14   图 2-15

（3）重心移至左足，右足沿直线向位置②足尖里扣下落足扣步，双膝贴拢，双足成丁字步，上身正直，提肛溜臀，目视前方。（图2-16）

（4）重心仍在左足，右足足尖外展沿弧线向位置③成摆步，提肛溜臀，目视前方。（图2-17）

图2-16　　　　　　　　　图2-17

（5）重心落于双足，坐身，掰裆，膝胯要平，提肛溜臀，目视前方。（图2-18）

（6）重心移至右足，左足沿直线向位置④足尖里扣落成扣步，双膝贴拢，双足成丁字步，上身正直，提肛溜臀，目视前方。（图2-19）

（7）右转回身摆右足，扣左足，摆左足，扣右足，用同样动作大摆大扣而回。

图2-18　　　　　　　　　图2-19

4. 收势

在起势之处并步收势，与"行步"收势动作相同。

【要点】

摆步扣步用处最多、最广，若想摆扣灵活随心，必须把裆部"撕"开。摆足后，坐胯的目的就是练习开胯。练习时切忌撅臀，如果撅臀则无法练开胯、开裆。要自然呼吸，气沉丹田，双足随时变换虚实，否则无法动步。

（二）中摆中扣

1. 路线

如图 2-19 所示，假设行至第④步后返回。

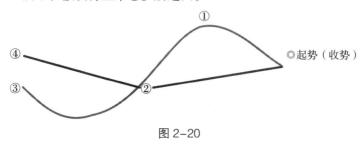

图 2-20

2. 起势

起势动作与行步起势相同。（图 2-21）

3. 动作

（1）双掌掌心向下按于身体两侧，重心右移，左足尖外展沿弧线向位置①落足成摆步，提肛溜臀，目视前方。（图 2-22）

图 2-21　　　　　　　　图 2-22

>>>

（2）重心移至左足，左足尖里扣，沿直线向位置②落足成扣步，双膝贴拢，提肛溜臀，目视前方。（图2-23）

（3）右足尖外展，沿弧线向位置③落步成摆步，提肛溜臀，目视前方。（图2-24）

（4）重心移至右足，左足尖里扣，沿弧线向位置④落步成扣步，双膝贴拢，提肛溜臀，目视前方。（图2-25）

（5）右转回身摆右足，扣左足；摆左足，扣右足；用同样动作中摆中扣而回。

图2-23　　　　　　图2-24　　　　　　图2-25

4.收势

在起势之处并步收势，与"行步"收势动作相同。

【要点】

要提肛溜臀，自然呼吸，气沉丹田，扣步时要双膝贴拢，双足要虚实分明。摆步、扣步要熟练自如。交手时可用扣步或摆步吃进对方前腿后面，使其不得自由移动，处于被动。扣步、摆步也可在转身、回身时用。扣步、摆步的角度可随意大小，转身、回身的角度随扣步、摆步的角度而变化。八卦掌法中摆步和扣步用处最多、最广，应熟练掌握。

（三）小摆小扣

1.路线

如图2-26所示，左右小摆小扣。

起势（收势）

图2-26

2. 起势

起势动作与"行步"起势相同。（图2-27）

3. 动作

（1）双掌掌心向下按于身体两侧，重心移至右足，左足尖外展，沿弧线在原地摆180°，提肛溜臀，目视左前方。（图2-28）

（2）重心移至左足，右足沿弧线绕左足360°，足尖里扣，提肛溜臀，目视前方。（图2-29）

图2-27   图2-28   图2-29

（3）如此交替，基本上原地摆扣。也可反方向做摆扣练习。

4. 收势

并步收势，与"行步"收势动作相同。

【要点】

必须提肛溜臀，自然呼吸，气沉丹田，身体保持正直。摆步要摆180°，扣步要扣360°，摆来扣去，仿佛没离原地，故称"小摆小扣"。由于摆、扣的角度最大，所以初练时容易头晕，但因八卦掌中的磨身掌、"脱身换影"等要用此步，必须练好。为避免头晕，不要总朝一个方向摆扣，可变换方向原地摆扣。练大摆大扣，是为练习开胯；练小摆小扣，是为练习胯、膝、足、胫的灵活性；中摆中扣最为实用。只要把三种摆扣都练好，摆步、扣步就能够运用自如，动转随心了。

三、走 圈

1. 路线

如图 2-30 所示，逆时针走圈。

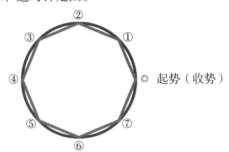

图 2-30

2. 起势

起势动作与"行步"起势相同。（图 2-31）

3. 动作

（1）重心移至右足，左足尽可能不掀足跟，轻轻平起，微蹬右足内踝骨，沿弧线向位置①直行；前行时膝微屈，五趾微下扣，不抬足尖，全身放松，目视前方。（图 2-32）

图 2-31　　　　　　　　图 2-32

（2）左足五趾抓地落下，重心移至左足，右足轻轻提起，微蹬左足内侧，沿弧线向位置②前行，落地时五趾抓地。如此交替沿路线走圈，八步一圈，圈数不限。（图2-33）

（3）当行至起势之处时，左足尖向圈心里扣成丁字步，向左拧身回头，目视前方。（图2-34）

（4）左转回身向圈上直行左足，目视前方。（图2-35）

（5）回身沿原路线走圈，圈数与左转相同。

图2-33　　　　　　图2-34　　　　　　图2-35

4. 收势

行至起势处时向圈里扣左足，右转回身并足收势。收势动作与"行步"收势相同。

【要点】

一切要点与直行步相同，自然呼吸，气沉丹田。走圈时，必须里足直迈，外足沿弧线内扣行进，这样可以以膝掩裆，为以后"转掌如拧绳""斜出正入""以走为用"打好基础。练习时用行步、摆步都可以，以中盘和中速为宜。

第三章

基础八掌

（动作演示：邢殿和）

基础八掌

邢殿和演示
基础八掌

　　八卦掌时时离不开掌法。基础八掌是练习八大掌、六十四掌的基础。基础八掌的名称分别是猛虎下山、大鹏展翅、狮子张口、白猿献桃、怀中抱月、黑熊探臂、指天插地、青龙探爪。

　　练习基础八掌，要做到正确掌握每个动作的姿势，要学会每掌的使用，并以意领力练出每掌的劲力。以意领气，气沉丹田，用中盘、下盘，中速或慢速练习，增长功力。练习时以每圈走8步、走10圈后换掌为宜（也可以自己规定圈数），先向左走圈，然后换成右势，用同样的动作走同样圈数，此掌才算完毕。在实际练功时，可以随意练其中数掌，也可以把顺序调换练习，还可以与八大掌穿插来练习。

　　练习基础八掌，要尽可能面向圆心。开始练习时，很难做到向圆心拧腰90°，经一段时间的练习方可达到，之后要坚持练习时拧腰90°，即走圈时胸口（膻中穴）和口鼻在里足直迈的行走中一齐拧着对正圆心。

一、猛虎下山（下沉掌）

1.动作

（1）沿圈站立，头正颈直，有上顶之意，微收下颌，嘴微闭，舌抵上腭，用鼻呼吸，含胸圆背，双肩、双臂向下放松，掌指向下，于体侧自然下垂，双足并立，精神贯注，目视前方。（图3-1）

（2）双臂外旋，肘部微屈，双掌掌心向上，自体侧徐徐托起，高与眉齐，吸气收腹，目视前方。（图3-2）

（3）双臂内旋屈肘，掌心向下，掌指相对，经体前徐徐按下，置于腹前，同时坐身屈膝，提肛溜臀，呼气松腹，气沉丹田，目视前方。（图3-3）

图3-1   图3-2   图3-3

（4）上体左转，双掌不变，向圆心拧腰90°，重心移至右腿，左足贴右足内踝骨沿圈线前行一步，五趾抓地，自然呼吸，气沉丹田，目视圆心。（图3-4）

（5）右足尖微里扣，五趾抓地落下，两掌不变，自然呼吸，气沉丹田，目视圆心（图3-5）。两足交替沿圈左行10圈，练习双掌下按之力。

（6）行至起势之处，右足在左足前足尖向里扣成丁字步，目视圆心。（图3-6）

（7）重心移至右腿，以腰带动双掌，掌心向下，向右画平圆，置于腰右侧，同时左转身，左足在圈上直上一步，自然呼吸，气沉丹田，目视圆心。（图3-7）

（8）左足五趾抓地时，右足微贴左足内侧在圈上直上一步，同时向右拧腰成90°，双掌掌指相对、掌心向下，置于腹前，自然呼吸，气沉丹田，目视圆心。（图3-8）

（9）两足交替向右走10圈，练习双掌下按之力。右足行至起势之处，左足在右足前扣成丁字步，换成左势（动作相同，方向相反）再走10圈，才算完成此掌。

图 3-4　　　　　图 3-5　　　　　图 3-6

图 3-7　　　　　图 3-8

2. 要点

练掌时，要提肛溜臀，双臂微屈，不可僵直。要以意领力，双掌有下按之力。走圈、换势时要自然呼吸，气沉丹田。也可以在双掌画弧时吸气收腹；当左转身上左足时，呼气松腹，用腹式呼吸配合动作，气沉丹田。但走圈时，必须自然呼吸。

二、大鹏展翅（双托掌）

1. 动作

（1）接上势，一边向左走转，一边两臂外旋，向上拧翻，掌心向上，经胸前向身体两侧斜前方伸出，高与眉平，自然呼吸，气沉丹田，目视圆心，走转10圈。练习双掌的上托沉肘、里合外开、前伸的螺旋力。（图3-9）

（2）行至起势处，右足在左足前扣成丁字步，坐身合膝，向左拧身，同时双臂内旋，双掌变勾手，经体前搂至两肋处，自然呼吸，气沉丹田，目视前方。（图3-10）

图 3-9 　　　　　　　　　　　　　　　图 3-10

（3）向左转身，重心移至右腿，左腿在圈上上步，同时双臂外旋，掌心向上，向体前拧臂切出，自然呼吸，气沉丹田，目视前方。（图3-11）

（4）右足微贴左足内踝骨向圈上直上一步，向圆心拧腰转体90°，两足交替向右走转10圈。自然呼吸，气沉丹田，目视圆心方向。双掌要练习既上托又下沉、里合外开的螺旋之力。（图3-12）

图 3-11　　　　　　　　　　　　　图 3-12

（5）行至起势处时，换成左势再走10圈，才算完成此掌。

2.要点

练掌时，要提肛溜臀，向圆心拧腰90°，双臂向上前伸时要拧钻出螺旋劲。要松肩坠肘，力量到手，切忌端肩。换势时，也可以双掌下勾时吸气收腹，上步切出时呼气松腹，但走圈时一定要自然呼吸。

三、狮子张口（双抱掌）

1.动作

（1）接上势，一边向左走圈，一边左掌不动，右臂屈肘掌心向下抬于头上，与左掌掌心相对，形成合抱姿势，练习双掌的合抱之力。左转10圈，自然呼吸，气沉丹田，目视圆心。（图3-13）

（2）行至起势处，右足在左足前扣成丁字步，坐身合膝，双掌不动，目视前方。（图3-14）

（3）向左转身，在圈上直上左足，同时左掌不动，右掌掌心向下，在左臂上向圆心画半平圆砍出，自然呼吸，气沉丹田，目视圆心方向。（图3-15）

（4）右足微贴左足内踝骨在圈上直上一步，向圆心拧腰转体90°，同时右臂外旋，左臂内旋，掌心相对收至颚下，向圆心伸出双臂，做出狮子张口姿势，自然呼吸，气沉丹田，目视圆心。（图3-16）

（5）向右走转 10 圈，行至起势处时，换成左势再走 10 圈，才算完成此掌。

图 3-13　　　　　图 3-14　　　　　图 3-15　　　　　图 3-16

2. 要点

练掌时，虽然一掌置头上，但仍要沉肩坠肘，不可端肩。换势时动作要连贯、协调，一气呵成。可用腹式呼吸配合动作，但走圈时一定要自然呼吸，气沉丹田，以意领气，练习合抱之力。

四、白猿献桃（双合掌）

1. 动作

（1）接上势，一边走圈，一边回臂屈肘，双腕贴拢，双掌掌心向上，托于左肩前，练习双掌上托之力。拧腰转体 90°，自然呼吸，气沉丹田，向左走转 10 圈，目视圆心。（图 3-17）

（2）走到起势之处时，右足在左足前扣成丁字步，向左转身，左足在圈上上一步，同时双掌掌心向下，按于腹前，自然呼吸，气沉丹田，目视前方。（图 3-18）

（3）右足微贴左足内踝骨在圈上直上一步，同时向圆心拧腰转体 90°，双掌外旋，掌心向上，双腕贴拢，在右肩前托起，练习上托之力。向右走 10 圈，自然呼吸，气沉丹田，目视圆心。（图 3-19）

（4）走到起势之处，换成左势再走 10 圈，才算完成此掌。

图 3-17　　　　　　　图 3-18　　　　　　　图 3-19

2. 要点

练掌时，双肘要下沉，双腕要贴拢，但双掌要有上托之力。换势时，可用双掌下按时吸气收腹、双掌上托时呼气松腹的腹式呼吸法，但走圈时一定要自然呼吸，气沉丹田。

五、怀中抱月（双撞掌）

1. 动作

（1）接上势，一边向左走圈，一边双臂内旋，掌指相对，掌心朝向圆心，屈肘圆臂撑出。向圆心拧腰转体 90°，自然呼吸，气沉丹田。向左走转 10 圈，练习双掌的向前撑撞之力，目视圆心。（图 3-20）

（2）行至起势之处时，右足在左足前扣成丁字步。坐身合膝，双掌不动，向左拧身，自然呼吸，气沉丹田，目视前方。（图 3-21）

（3）向左转体，向圈上直上左步，同时右臂外旋，掌心向上自左臂下前穿，自然呼吸，气沉丹田，目视前方。（图 3-22）

（4）右足微贴左足内踝骨在圈上直上一步，同时向圆心拧腰转体 90°，双臂内旋，掌指相对，掌心向圆心屈臂撑出。向右走 10 圈，练习双掌的前撑之力。自然呼吸，气沉丹田，目视圆心。（图 3-23）

（5）行至起势处时，换成左势再走 10 圈，才算完成此掌。

| 图 3-20 | 图 3-21 | 图 3-22 | 图 3-23 |

2. 要点

练掌时，一定要双掌前撑，背部后拱，双臂自然圆屈。不要端肩，时时要有前撞之力。要时时拧腰，才能够练出八卦掌的"横劲"。此掌是在里足直行时，双掌横打，仿佛螃蟹行走，俗称"螃蟹掌"。

六、黑熊探臂（下掖掌）

1. 动作

（1）接上势，一边向左走圈，一边左臂外旋，掌指向下，掌心向外，沉肩屈肘，向圆心推出，右掌掌心向下停于左肘之下，向左走 10 圈，自然呼吸，气沉丹田，目视圆心，练习左掌的掖撞之力。（图 3-24）

（2）走转到起势之处时，右足在左足前扣成丁字步，坐身合膝，双掌不动，自然呼吸气沉丹田，向左拧腰，目视前方。（图 3-25）

（3）向左转身，左足在圈上直上一步，双掌不动，自然呼吸，气沉丹田，目视前方。（图 3-26）

（4）右足微贴左足内踝骨在圈上直行，同时右臂外旋，掌指向下，掌心向前，自左肘下向圆心掖撞，左掌内旋，掌心向下，置于右肘之下，向右走转 10 圈，自然呼吸，气沉丹田，目视前方，练习右掌的掖撞之力。（图 3-27）

（5）行转至起势处，换成左势再走 10 圈，才算完成此掌。

| 图 3-24 | 图 3-25 | 图 3-26 | 图 3-27 |

2. 要点

沉肩坠肘，以意催肩，肩催肘，肘催手，劲力到手，练习掖撞之力。

七、指天插地（立桩掌）

1. 动作

（1）接上势，一边向左走圈，一边左掌掌指向上，掌心向后，拧臂向上伸出，同时右臂外旋，掌心向外，掌指向下，尽力拧臂下插，左臂尽力贴耳，右臂尽力贴胯，双臂自然微屈，向圆心拧腰90°。左转10圈，练习双掌上指下插的螺旋之力。自然呼吸，气沉丹田，目视圆心。（图 3-28）

（2）走转到起势之处时，右足在左足前扣成丁字步，坐身合膝，双掌不动，向左拧身回视。（图 3-29）

（3）向左转身，在圈上直上左步，右掌向上伸出，左掌置于右肘下，自然呼吸，气沉丹田，目视前方。（图 3-30）

（4）右足微贴左足内踝骨在圈上直上右步，同时双掌上下互换，右掌尽力上伸，左掌尽力下插，向圆心拧腰90°。向右走转10圈，练习双臂、双掌上下插动之力。自然呼吸，气沉丹田，目视前方。（图 3-31）

（5）行到起势处时，换成左势再走10圈，才算完成此掌。

| 图 3-28 | 图 3-29 | 图 3-30 | 图 3-31 |

2. 要点

练掌时，一定要尽力松肩，上指下插，同时还要向下坐胯抽身，提肛溜臀，此法称为"抽身长手"。上指能防向上身攻来之手，下插可防向下来手或来腿，如同在自己面前立了木桩一样，对方无法打入，又称为"上下立桩"。虽然练习时要尽力上指下插，但双臂不能僵直，要含有螺旋劲。

八、青龙探爪（推磨掌）

1. 动作

（1）接上势，一边左转，一边双臂内旋，掌心向前，掌指向上，向圆心推出，左掌在上高与眉齐，右掌置于左肘之下寸许，双臂要滚钻挣裹，拧出螺旋劲。向左走转 10 圈，练习双掌的前推之力，自然呼吸，气沉丹田，目视圆心。（图 3-32）

（2）走转到起势之处时，右足在左足前扣成丁字步，双掌不变，坐身合膝，向左拧身，自然呼吸，气沉丹田，目视前方。（图 3-33）

（3）向左转身，左足在圈上上步，右腿提膝，同时右掌自左臂下向圆心推出，左掌收回置于右肘下，气沉丹田，目视前方。（图 3-34）

（4）落右足，向右走转 10 圈。双臂要滚钻挣裹，拧出螺旋劲，自然呼吸，气沉丹田，目视圆心。右转至起势之处时，换成左势再走 10 圈，才算完成此掌。

（5）左转至起势之处时，双足并拢，双臂外旋，掌心向上，在体侧徐徐托起，

高与眉齐，吸气收腹，目视前方。（图3-35）

（6）双臂内旋屈肘，掌心向下，掌指相对，经体前徐徐下按，坐身屈膝，呼气松腹，气沉丹田，目视前方。（图3-36）

（7）立正，自然呼吸，气沉丹田，精神贯注，目视前方。（图3-37）

图3-32　　　　　　　图3-33　　　　　　　图3-34

图3-35　　　　　　　图3-36　　　　　　　图3-37

2. 要点

练掌时，双臂合抱里拧，掌心、胸口都要对正圆心，拧腰90°，即"转掌如拧绳"，拧出螺旋劲。如果左转身上左步时吸气收腹，推出右掌时呼气松腹，用腹式呼吸气沉丹田也可以。但走圈时一定要自然呼吸，气沉丹田。

第四章
八大掌与六十四掌

（动作演示：韩燕武）

八大掌与六十四掌

韩燕武演示
八大掌

　　坚持练习"八卦趟泥步"，可打下走转的基础。坚持练习"定势八掌"即"基础八掌"，可打下掌法的基础。接下来，可以继续练习"八大掌"和"六十四掌"了。

　　八大掌是八卦掌最重要的套路，是八卦掌的核心。

　　六十四掌是在八大掌的基础上发展而来的，包括单换掌八式、双换掌八式、顺势掌八式、背身掌八式、转身掌八式、磨身掌八式、翻身掌八式、回身掌八式，合为六十四掌。将每掌中的第一掌，即单换掌的"推窗望月"、双换掌的"指天插地"、顺势掌的"脑后摘盔"、背身掌的"背身吐信"、转身掌的"阴阳鱼"、磨身掌的"青龙掉尾"、翻身掌的"大蟒翻身"、回身掌的"回身撞掌"，抽出来称为八大掌。

为便于读者概览八大掌及六十四掌明细，现将全部动作名称列举如下。

单换掌

| 1. 推窗望月 | 2. 行步撩衣 | 3. 提膝冲掌 | 4. 进步沉掌 |
| 5. 片旋两门 | 6. 懒龙缩尾 | 7. 平手回合 | 8. 抽梁换柱 |

双换掌

| 1. 指天插地 | 2. 拧身盖掌 | 3. 三穿掌 | 4. 顺手牵羊 |
| 5. 恶虎扒心 | 6. 穿袖挑打 | 7. 转身顶肘 | 8. 托掌过身 |

顺势掌

| 1. 脑后摘盔 | 2. 风轮劈掌 | 3. 回身探掌 | 4. 顺势摆莲 |
| 5. 顺势顶肘 | 6. 卧牛腿 | 7. 顺势腕打 | 8. 乳燕斜飞 |

背身掌

| 1. 背身吐信 | 2. 风轮劈掌 | 3. 背身探掌 | 4. 背身摆莲 |
| 5. 胸前扑肘 | 6. 卧牛腿 | 7. 转身腕打 | 8. 乳燕斜飞 |

转身掌

| 1. 阴阳鱼 | 2. 猛虎出洞 | 3. 怀中抱月 | 4. 天王打伞 |
| 5. 天马行空 | 6. 金龙合口 | 7. 狮子张口 | 8. 转身削掌 |

磨身掌

| 1. 青龙掉尾 | 2. 磨身撩阴 | 3. 白猿托桃 | 4. 磨身顶肘 |
| 5. 脱身换影 | 6. 鬓角插花 | 7. 凤凰夺窝 | 8. 金鸡撒膀 |

翻身掌

| 1. 大蟒翻身 | 2. 怪蟒翻身 | 3. 懒龙翻身 | 4. 燕子翻身 |
| 5. 狮子翻身 | 6. 鲤鱼翻身 | 7. 鹞子翻身 | 8. 蛟龙翻身 |

回身掌

| 1. 回身撞掌 | 2. 回身探掌 | 3. 回身挑打 | 4. 青龙献爪 |
| 5. 回身劈掌 | 6. 海底纫针 | 7. 回身搂掌 | 8. 平手回合 |

社会上传练的八大掌各有不同，程廷华先生众弟子所教八大掌也不尽相同，但都有单换掌、双换掌、顺势掌，这三掌也被称为"老三掌"。这一切都是因为程廷华先生故去太早的缘故。

那么八卦掌以谁为准绳呢？我认为应以程有功、程有龙、程有信先生的八卦掌为准。程有功是程廷华先生之兄的儿子，其八卦掌手法为程廷华先生亲手所传。程有龙是程廷华先生的长子，其八卦掌亦为程廷华先生所传。程有信的八卦掌为程有龙和师兄们所传，故亦为程氏正宗真传。

程有龙的著名弟子孙锡堃先生功夫深厚，名望卓著，他的八卦掌可以代表程有龙先生，曾著《八卦掌真传》一书，影响很大。该书写的八大掌为单换掌、双换掌、顺势掌、背身掌、三穿掌、磨身掌、翻身掌、回身掌。但程有功先生说："三穿掌不能排在八大掌内，应是转身掌。"孙先生为什么不写转身掌而写三穿掌？也许孙先生不会转身掌，也许出于保守，不想把八大掌全部公开，其中掺上一个三穿掌代替转身掌，具体不得而知。

程有信先生的八大掌是单换掌、双换掌、顺势掌、背身掌、转身掌、磨身掌、翻身掌、回身掌。这一套掌法是非常合理的：八大掌由单换掌开始，在单换掌的基础上加以变化而成双换掌，顺势掌是顺时针换势，背身掌是逆时针换势，转身掌要拧腰转身，磨身掌要贴身而换，翻身掌要有翻身动作，回身掌必须有打了就走、走了又回的动作。这正是有单必有双，有顺必有背；转身掌左旋右转，磨身掌不离轴心；翻身掌如翻身之怪蟒，回身掌似鹞子回头把身转。

程廷华的所有弟子都传授八大掌，唯有程有信先生传授八八六十四掌。这是因为程廷华先生故世时程有信只有9岁，尽管没有得到程廷华先生的亲传，但为程廷华先生著名弟子们所亲传，他们对程有信先生毫无保留，只要程有信先生想学，他们必然倾囊相授，因而程有信先生学的掌法非常繁多。程有信先生经过六十余年的练习和实践，总结出了八八六十四掌。可以说，这六十四掌是程氏八卦掌二代、三代，百年来千锤百炼的实践成果，是历代老前辈们的心血结晶。

一、单换掌

单换掌八式是：推窗望月、行步撩衣、提膝冲掌、进步沉掌、片旋两门、懒龙缩尾、平手回合、抽梁换柱。其中第一掌推窗望月是程氏八大掌的第一掌。

程廷华先生所授八大掌中的第一掌为单换掌，史计栋先生、梁振圃先生、刘凤春先生、张占魁先生等所授的第一掌也为单换掌。单换掌是练习八大掌的根本。

关于单换掌，刘凤春先生有"一个单换掌打遍天下"的佳话。当年，正值董公寿辰之日，程廷华先生领着刘凤春先生去拜寿。叩过头后，程廷华先生说："此人名叫刘凤春，是我的要好兄弟，久慕师父八卦掌的威名，想拜在师父门下，学习八卦掌。"董公看了看刘凤春先生，见刘先生身形矮小，不经意地说："他行吗？能练得出来吗？"程先生代刘凤春表示了决心。于是董公说："那你教他练个单换掌吧！明年这时再来，我看看再说。"

程廷华先生和刘凤春先生辞别董公回来后，亲自教刘凤春先生练习单换掌。开始练习八卦掌的走圈时，身体会一起一伏，程先生个子高大，于是就用手掌按着刘凤春先生的头顶随之走圈。一年后，又当董公寿辰之日，程廷华先生和刘凤春先生又去拜寿，再提起拜师事。董公已忘了，说："有这么回事吗？那就让刘凤春练练，我看看。"于是刘凤春先生就在董公面前练了程先生教的单换掌。一年来，刘先生什么都不练，每天就是练一个单换掌，功夫早就出来了。董公一看很高兴，刘凤春先生才得以拜董公为师，学习八卦掌。刘凤春先生感谢程廷华先生的栽培和帮助，经常说："我的八卦掌是跟程师兄学的。"后来，刘凤春先生一个单换掌就练了三年，功夫十分纯厚，未逢敌手，名噪当时，有"一个单换掌打遍天下"之说。由此可见，练习单换掌十分重要，可由此登堂入室，可练出功夫，且简单实用。

（一）单换掌一：推窗望月

1. 起势

（1）沿圈自然站立。头正颈直，微收下颌，有上顶之意，嘴微闭，舌抵上腭，用鼻呼吸，含胸圆背，双肩、双臂向下放松，掌指向下，在身体两侧自然下垂，双足并立，精神贯注，目视前方。（图4-1）

（2）双臂外旋，肘部微屈，双掌掌心向上，经体侧徐徐托起，高与眉齐，吸气收腹；目视前方。（图4-2）

（3）双臂内旋，向内屈肘，掌心向下，掌指相对，在体前徐徐下落，置于小腹前，同时坐身屈膝，呼气松腹，气沉丹田，目视前方。（图4-3）

（4）向圈上直上左步，同时两臂外旋，左掌掌心向上，右掌掌心朝外，左掌前，右掌后，一起向前面穿出，自然呼吸，气沉丹田，目视前方。（图4-4）

图4-1　　　　　　　图4-2　　　　　　　图4-3　　　　　　图4-4

2. 青龙探爪（左）

重心左移，右足微蹬左足内侧，沿弧线向圈上上右步，足尖微向里扣，合膝掩裆，同时双臂内旋，滚钻挣裹，左掌在前，高与眉齐，右掌在后，置于左肘之下寸许，双臂向圆心推出，头颈、腰部齐向圆心拧90°，成"青龙探爪"左势，双足交替向左走转，10圈为宜，自然呼吸，气沉丹田，以意领气，气达掌指，"转掌如拧绳"也。（图4-5）

3. 闭门掩肘

行走到起势时，右足尖朝向圆心，在左足前扣成丁字步，同时面对圆心，右掌不动，左臂外旋，屈肘立臂，向右拧腰的同时掩肘，掌指向上，掌心向内，目视前方。掩肘时前臂要有向右的滚动，要有拧裹力。（图4-6）

4. 推窗望月

左足尖外展在圈上摆左步，右足于左足后扣步，同时左臂内旋，掌心向外，在胸前屈肘横臂向前圆撑，高与肩平，右掌停于左臂内侧，目视前方。（图4-7）

【要点】

切忌端肩，臂要圆屈，有向前的推撞之力。

5. 叶底藏花

向左转体，右足在左足前扣成丁字或八字步，左足不动，左臂仍圆撑不变，右臂外旋，掌心向上，掌指向前，在向左拧腰的同时右掌向左腋下穿出，坐身和膝，后足不动，以免破坏扣步步型和腰的拧劲，自然呼吸，气沉丹田，目视左掌。（图4-8）

>>>

6. 青龙返身

身体右转，同时右掌掌心向上，随转体动作，自左臂下向前上方穿出，高与头平，同时左臂外旋，掌心向上，掌背贴于右前臂之上，目视右掌。（图4-9）

7. 青龙探爪（右）

向右走转的同时双臂内旋，滚钻挣裹，螺旋前推，右掌在前，掌指高与眉齐，左掌在后，置于右肘之下寸许，头颈、腰齐向圆心拧成90°，向右走转10圈，目视圆心，要沉肩坠肘，提肛溜臀，自然呼吸，气沉丹田。（图4-10）

图 4-5　　　　　　　图 4-6　　　　　　　图 4-7

图 4-8　　　　　　　图 4-9　　　　　　　图 4-10

8.青龙探爪（左）

当行至起势处时，换"推窗望月"右势继续走圈，当换成"青龙探爪"左势时，此掌才算练习完毕。（图4-11）

9.收势

（1）双足并拢，双臂外旋，肘部微屈，掌心向上，经体侧徐徐托起，高与眉齐，吸气收腹，目视前方。（图4-12）

（2）双臂内旋，掌心向下，掌指相对，屈臂经体前徐徐按下，落置小腹前，坐身屈膝，呼气松腹，气沉丹田，目视前方。（图4-13）

（3）立正，精神贯注，目视前方。（图4-14）

图4-11   图4-12   图4-13   图4-14

【要点】

初学者要一招一式地练习，动作正确后可以用连续动作完成此掌。

通常练完左右势的单换掌后可收势。当然，也可以不收势，以"青龙探爪"左势向左走圈，接练单换掌二或双换掌一。

（二）单换掌二：行步撩衣

1.向左走"青龙探爪"左势10圈，自然呼吸，气沉丹田，目视圆心。（图4-15）

2.当行至起势处时，右足在左足前向圈里扣成丁字步。左转身，在圈上上左步，同时左臂内旋，掌心向内，在腹前向下画弧，小指向上，掌指向前，向身体左侧（左足尖上方）撩起，坐身屈膝，右掌按于腹前，目视前方。（图4-16）

3.重心移至左腿，右足提起，膝微屈，用足面向左掌拍击，同时右臂外旋，掌心向上，掌指向前，自左臂下向前穿出，目视掌足动作。（图4-17）

4.在圈上落右足，同时双臂内旋，向圆心落下成"青龙探爪"右势，向圆心拧腰90°，向右走圈，自然呼吸，气沉丹田，目视圆心。（图4-18）

5.向右走转 10 圈,当行至起势处时,换"行步撩衣"右势继续走圈,当换成"青龙探爪"左势时,此掌才算练习完毕。

图 4-15

图 4-16

图 4-17

图 4-18

【要点】

"行步撩衣"时重心在后足,尽力屈膝坐身。撩衣时要尽力松肩,掌指尽力向前伸,越松越长越好。

（三）单换掌三：提膝冲掌

1.向左走"青龙探爪"左势 10 圈,自然呼吸,气沉丹田,目视圆心。（图 4-19）

2.当行至起势处时,右足在左足前扣成丁字步,双掌不动,目视圆心。（图 4-20）

3.向左转身,左足在圈上向身左横上半步,随之右腿提膝,右掌虎口向上,掌指向前,自左臂下向圆心穿出,左掌置于右肘内侧,目视圆心。（图 4-21）

图 4-19　　　　　　　图 4-20　　　　　　　图 4-21

4.落右足，向右走转"青龙探爪"右势 10 圈，自然呼吸，气沉丹田。当行至起势处时，换"提膝冲掌"右势继续走圈，当换成"青龙探爪"左势时，此掌才算练习完毕。

【要点】

做"提膝穿掌"时，足、掌要同时做动作，一气呵成。冲掌时要穿出冲撞之力。落步即开始走圈了，一边走一边变成"青龙探爪"。

（四）单换掌四：进步沉掌

1.向左走"青龙探爪"左势 10 圈，自然呼吸，气沉丹田，目视圆心。（图 4-22）

2.当行至起势处时，右足在左足前扣成丁字步，随之向左转身，在圈上上左步，同时左臂外旋，沉肩坠肘，左掌掌心向上，向左上方穿出，高与眉齐，右掌置于左肘下，目视前方。（图 4-23）

3.向左足前上右步，同时右臂外旋，掌心向上，自左臂下向前穿出，高与眉平，左掌置于右肘内侧，目视前方。（图 4-24）

4.在圈上进左步，同时向右拧腰转体，双臂内旋，向圆心画弧成"青龙探爪"右势，向右走 10 圈，自然呼吸，气沉丹田。当行至起势处时，换"进步沉掌"右势继续走圈，当换成"青龙探爪"左势时，此掌才算练习完毕。

【要点】

"进步沉掌"时要沉肩坠肘，把力量沉在肘部和掌背。上步穿掌时要肩催肘，肘催手，力量到手。

图 4-22　　　　　　　　　　图 4-23　　　　　　　　　　图 4-24

（五）单换掌五：片旋两门

1. 向左走"青龙探爪"左势 10 圈，自然呼吸，气沉丹田，目视圆心。（图 4-25）

2. 当行至起势处时，右足在左足前向圈里扣成丁字步，向左转身，同时左足在圈上上步，再上右步，右臂外旋屈肘，以肘为轴，右掌掌心向上，在头部前上方画圆弧云片一圈，左掌配合右掌动作，目视前方。（图 4-26）

3. 双足不动，左掌按于身前，右臂内旋，翻成掌心向下时，沿原路线片回，用小指外沿向面前平砍，目视右掌动作。（图 4-27）

图 4-25　　　　　　　　　　图 4-26　　　　　　　　　　图 4-27

4. 左转身，右足原地扣成丁字步或八字步，坐身合膝，右掌掌心向上，向左腋下穿出，名曰"叶底藏花"。随之向右转身，向圈上上右步，换成"青龙探爪"右势，向右走 10 圈，自然呼吸，气沉丹田。当行至起势处时，换"片旋两门"右势继续走圈，当换成"青龙探爪"左势时，此掌才算练习完毕。

【要点】

"片旋两门"要一气呵成，向前平砍时要砍出"寸劲"。

（六）单换掌六：懒龙缩尾

1. 向左走转"青龙探爪"左势10圈，自然呼吸，气沉丹田，目视圆心。（图4-28）

2. 当行至起势之处时，右足在左足前向圈里扣成丁字步，坐身合膝，右掌不动，左臂内旋，屈肘屈腕，向左拧身磨左肋，目视左掌动作。（图4-29）

3. 向左转身，在圈上上左步，同时左臂前伸，用左掌掌背向前反背抽打，名曰"反抽嘴巴"，右掌不动，目视左前方。（图4-30）

图4-28   图4-29   图4-30

4. 左转身，在圈上扣右步，右掌由"叶底藏花"换成"青龙探爪"右势，向右走转10圈，自然呼吸，气沉丹田。当行至起势之处时，换"懒龙缩尾"右势继续走圈，当换成"青龙探爪"左势时，此掌才算练习完毕。

【要点】

"懒龙缩尾"与"反抽嘴巴"要一气呵成。抽嘴巴时，左掌背可用抖劲。

（七）单换掌七：平手回合

1. 向左走"青龙探爪"左势10圈，自然呼吸，气沉丹田，目视圆心。（图4-31）

2. 当行至起势处时，右足在左足前向圈里扣成丁字步，随之左转身，左足在圈上向身左横跨一步，同时左臂屈肘，拇指向上，用掌心向右肩横推，右掌不动，名曰"平手回合"，目视左掌动作。（图4-32）

3. 向圈上上右步，同时面对圆心，右掌自左臂下用掌背向圆心撑打，名曰"反背掌"，目视圆心。（图4-33）

图 4-31

图 4-32

图 4-33

4. 向右走圈，边走边变成"青龙探爪"右势，走 10 圈，自然呼吸，气沉丹田。当行至起势之处时，换"平手回合"右势继续走圈，当换成"青龙探爪"左势时，此掌才算练习完毕。

【要点】

"平手回合"时可以有闪身动作，一气呵成，方能奏效。

（八）单换掌八：抽梁换柱

1. 向左走"青龙探爪"左势 10 圈，自然呼吸，气沉丹田，目视圆心。（图 4-34）

2. 当行至起势处时，右足在左足前向圈里扣成丁字步，随之左足在圈上向身左横跨一步，右腿提膝，右掌自左臂下向圈心推撞，目视前方。（图 4-35）

图 4-34

图 4-35

3. 在圈上落右足变成"青龙探爪"右势，向右走转 10 圈，自然呼吸，气沉丹田。当行至起势之处时，换"抽梁换柱"右势继续走圈，当换成"青龙探爪"左势时，此掌才算练习完毕。

【要点】

此掌是突然向对方打击之法，所以动作要快速，要有突然性，一气呵成。推打时要沉肩坠肘，打出沉塌之力。

二、双换掌

双换掌八式是指天插地、拧身盖掌、三穿掌、顺手牵羊、恶虎扒心、穿袖挑打、转身顶肘、托掌过身。其中的第一掌指天插地是程氏八大掌的第二大掌。

关于双换掌中的指天插地，我还有一段特别的回忆。1961 年正月十五左右，一场大雪不期而至，天地间一片雪白，地上积雪足有二寸多厚。早晨，我从天坛公园西门进园，欲到我的练功场地练习八卦掌。我进二门后，突然发现路旁有人练习八卦掌。此人是个十多岁的孩子，地上的积雪已被扫开，他在这一丈方圆的空地上满头大汗地练功。我再一看旁边的长椅上坐着一位老者，正在加以指点。这二位我从未见过。于是我站在旁边，默不作声地认真看着。这孩子练得很苦，几乎达到下盘，姿势舒展，一招一式都见功夫。当他练完后，我急忙过去恭敬地向这位老者行了礼，一问才知道此人姓程名有生，原来是程廷华先生的侄子，程四爷殿华先生之子。我急忙见过礼，并言道我是骆兴武先生的徒弟。他一听非常高兴，忙说："那不是外人，我们太熟了。可惜我在石家庄工作，很少回京，我们已有十余年没见面了。"随后程先生让我练了单换掌、双换掌。程先生说："你的双换掌是正确的，有这种练法，如果再加上指天插地就好了。"于是程先生就在这块雪后的空地上向我传授了他的双换掌。晚上我到骆老师家，说及此事，骆老师十分高兴，于是我们马上启程去看望程先生，二位老人家见面后相谈甚欢。后来我见到了程有信先生，他的双换掌也有指天插地一式，故而把此掌作为八大掌的第二大掌。

（一）双换掌一：指天插地

1. 叶底藏花

向左走"青龙探爪"左势 10 圈，自然呼吸，气沉丹田，在起势处换单换掌一的"闭门掩肘""推窗望月""叶底藏花"。（图 4-36）

2. 指天插地

（1）右臂外旋，掌指向上，贴左臂外侧向上螺旋伸出，同时左臂外旋，屈臂垂肘，

左掌收至右肋，名曰"指天"，目视前方。（图4-37）

（2）左掌掌指向下，掌背贴右肋外侧尽力下插，同时尽力蹲身，右掌仍上指不动，名曰"插地"，目视左掌动作。（图4-38）

图4-36　　　　　　　　图4-37　　　　　　　　图4-38

3. 燕子抄水

左足在身左的圈上仆步，面对圆心，左臂内旋，屈肘变钩手，贴左肋、沿左腿外侧向左足面插去，插至足面时再向上撩起，名曰"燕子抄水"，目视左掌动作。（图4-39）

4. 走马活携

（1）重心移至右腿，右掌掌心向下，随上体向右拧腰的动作，在右腰前画一大平圆，目视右掌动作。（图4-40）

（2）右臂外旋，右掌掌心翻上，自右腰前向腰际搂回。（图4-41）

图4-39　　　　　　　　图4-40　　　　　　　　图4-41

5. 青龙探爪

向左转体，扣右足，右掌"叶底藏花"，随之向右转体，在圈上上右步换成"青龙探爪"右势，向右走 10 圈。当行至起势之处时，换"指天插地"右势继续走圈，当换成"青龙探爪"左势时，此掌才算练习完毕。

【要点】

练"指天插地"时，右臂尽力贴耳部上指，左掌贴大腿侧尽力下插。"燕子抄水"的动作要敏捷。"走马活携"时的画平圆和回搂要一气呵成，要有搂抱之力。

（二）双换掌二：拧身盖掌

1. 向左走"青龙探爪"左势 10 圈，自然呼吸，气沉丹田，当行至起势处换单换掌二的"行步撩衣"。（图 4-42）

2. 右足向左足前扣步，同时右臂外旋，右掌掌心向上，自左臂下向前穿出，左掌置于右肘上方，目视前方。（图 4-43）

3. 双足不动，向左拧身回头，同时右臂屈肘，掌心向前，自颈后贴头顶向前横臂推出，左掌护于身前，目视前方。（图 4-44）

图 4-42　　　　　　　图 4-43　　　　　　　图 4-44

4. 向左转身，面对圆心时，左足向身左的圈上仆步，同时左掌掌指向上，掌心朝前，向左足上方撩起，名曰"行步撩衣"，右掌按于左腿内侧，目视左掌。（图 4-45）

5. 重心左移，右足提起，屈膝，用足面向左掌拍击，同时右臂外旋，右掌掌心向上，自左臂下向前穿出，目视右足动作。（图 4-46）

6. 在圈上落右足，同时双掌向圆心落下变成"青龙探爪"右势。向右走 10 圈，自然呼吸，气沉丹田。当行至起势之处时，换"拧身盖掌"右势继续走圈，当换成"青龙探爪"左势时，此掌才算练习完毕。

【要点】

足面踢出时可屈膝，要轻灵敏捷。"拧身盖掌"时不要低头，颈部要有"梗劲"。

图 4-45　　　　　　　　　　　　　　　图 4-46

（三）双换掌三：三穿掌

1. 向左走"青龙探爪"左势 10 圈，自然呼吸，气沉丹田。当行至起势处时，换单换掌三的"提膝穿掌"，即提右膝，右掌四指并拢，虎口圆撑向圆心刺出，左掌置于右肘下，目视圆心。（图 4-47）

2. 右足在圈上向右横跨一步，重心右移，左足贴右足内踝骨向圆心上虚步，同时左掌虎口向上，掌指向前，自右臂下向圆心穿出，右掌置于左肘下，目视前方。（图 4-48）

3. 左足在圈上向左横跨一步，重心左移，右足贴左足内踝骨向圆心上虚步，同时右掌虎口向上，掌指向前，自左臂下向圆心穿出，左掌置于右肘下，目视前方。（图 4-49）

图 4-47　　　　　　　　图 4-48　　　　　　　　图 4-49

4.变成"青龙探爪"右势，向右走10圈，自然呼吸，气沉丹田。当行至起势之处时，换"三穿掌"右势继续走圈，当换成"青龙探爪"左势时，此掌才算练习完毕。

【要点】

双足动作要敏捷，变换时要虚实分明。穿掌时可有侧身动作，力在指尖。

（四）双换掌四：顺手牵羊

1.向左走"青龙探爪"左势10圈，自然呼吸，气沉丹田。当行至起势处换单换掌四的"进步沉掌"和"进步穿掌"。（图4-50）

2.右臂内旋，掌心向下，与左掌掌心相对，左掌前右掌后，向右后方拧腰掳带，双足不动，目视双掌动作。（图4-51）

3.向圈上进右步，跟左足，同时左掌不动，右掌掌心向前，拇指向上，横掌撞出。（图4-52）

图4-50　　　　　　　图4-51　　　　　　　图4-52

4.向圈上扣右步，右掌"叶底藏花"，向圆心拧腰转体，换成"青龙探爪"右势，向右走10圈，自然呼吸，气沉丹田。当行至起势之处时，换"顺手牵羊"右势继续走圈，当换成"青龙探爪"左势时，此掌才算练习完毕。

【要点】

"顺手牵羊"的掳带要与拧腰动作协调一致，力的方向是斜下，要凶猛有力。

（五）双换掌五：恶虎扒心

1.向左走"青龙探爪"左势10圈，自然呼吸，气沉丹田。当行至起势处时，换单换掌五的"片旋两门"。（图4-53）

2上右足，并步蹲身，同时右掌掌心向前，掌指向下，向前掰打，左掌置于右臂上方，目视前方。（图4-54）

3. 向前上右步，同时双臂外旋，掌心向上，掌指向前，双掌向面前穿起，目视双掌。（图 4-55）

4. 向前上右步，跟左步，同时双臂内旋，掌心向下，向胸前塌腕按下，高于胸齐，目视前方。（图 4-56）

5. 原地扣右足，右掌"叶底藏花"换成"青龙探爪"右势，向右走 10 圈，自然呼吸，气沉丹田。当行至起势之处时，换"恶虎扒心"右势继续走圈，当换成"青龙探爪"左势时，此掌才算练习完毕。

图 4-53　　　　　图 4-54　　　　　图 4-55　　　　　图 4-56

【要点】

掖掌时要沉肩打出"寸劲"，"恶虎扒心"时要塌腕打出沉塌之力。

（六）双换掌六：穿袖挑打

1. 向左走转"青龙探爪"左势 10 圈，自然呼吸，气沉丹田。当行至起势处时，换单换掌六的"懒龙缩尾""反抽嘴巴"。（图 4-57）

2. 在圈上上左步，左臂外旋，掌心向内，掌指朝上，在面前立成左立桩，同时进右步、跟左步，右臂内旋，掌心朝前，向胸前塌掌打出，目视前方。（图 4-58）

图 4-57　　　　图 4-58

3. 原地扣右足，右掌"叶底藏花"换成"青龙探爪"右势，向右走转 10 圈，自然呼吸，气沉丹田。当行至起势处时，换"穿袖挑打"右势继续走圈，当换成"青龙探爪"左势时，此掌才算练习完毕。

【要点】

左掌的上立桩、右掌的塌掌和进步要协调一致，一气呵成。

（七）双换掌七：转身顶肘

1. 向左走"青龙探爪"左势 10 圈，自然呼吸，气沉丹田。当行至起势处时，换单换掌七"平手回合""反背掌"。（图 4-59）

2. 在左足前扣右足，向左拧身弓右步的同时屈右臂，向前横扑右肘，左掌置于右臂之上，目视前方。（图 4-60）

3. 拧右足，向左转身，面对圆心时撤左足，坐身成马步，同时双掌握拳，双臂向身体两侧分别顶肘，目视前方。（图 4-61）

图 4-59　　　　　　　图 4-60　　　　　　　图 4-61

4. 原地摆左足，向左转身，在左足前上右步，换成"叶底藏花"，再换成"青龙探爪"右势，向右走 10 圈，自然呼吸，气沉丹田。当行至起势处时，换"转身顶肘"右势继续走圈，当换成"青龙探爪"左势时，此掌才算练习完毕。

【要点】

扑肘、顶肘高不过肩，力在肘尖。

（八）双换掌八：托掌过身

1. 向左走"青龙探爪"左势 10 圈，自然呼吸，气沉丹田，当行至起势处时，换单换掌八"抽梁换柱"。（图 4-62）

2. 向圆心落右足，同时双掌掌心向上在面前托起，目视双掌。（图 4-63）

3.碾左足尖，向左转身180°，向后缩身撤左步成虚步，双掌掌心向下收于腹前，名曰"托掌过身"，目视前方。（图4-64）

4.提右膝，双掌掌心向前撞出，目视前方。（图4-65）

图4-62　　　　图4-63　　　　图4-64　　　　图4-65

5.在圈上落右足，成"青龙探爪"右势，向右走转10圈，自然呼吸，气沉丹田。当行至起势处时，换"托掌过身"右势继续走圈，当换成"青龙探爪"左势时，此掌才算练习完毕。

【要点】

双掌上托、转身、缩身、撤步、提膝、撞掌要一气呵成，要快速而突然。

三、顺势掌

顺势掌八式是脑后摘盔、风轮劈掌、回身探掌、顺势摆莲、顺势顶肘、卧牛腿、顺势腕打、乳燕斜飞。其中第一掌脑后摘盔是程氏八大掌的第三掌。

关于顺势掌，曾因一个争执而误了一本书的出版。1959年冬，一个星期六的晚上，约8点钟，我正在兴武国术社的前院练功。忽见骆先生与冷楚先生（时任中央政治法律干部学校校长，曾跟姬凤祥先生学过八卦掌）匆匆出来，奔大门而去。不一会儿，骆先生独自回来。第二天，骆先生跟我说，冷楚先生打算与程有信先生合著一本《八卦掌》，以发扬光大八卦掌法。昨晚骆先生在家备了一桌酒菜招待二人，商量此事，万没料到二人为了顺势掌的练法（是先摆步还是先扣步）争执了起来，结果冷校长一怒而去，该书也未能完成。通过此事可以说明，顺势掌是程氏八大掌非常重要的掌法，练此掌时是先向圈外摆步还是先扣步，非常重要和关键。本书中的顺势掌，是程有信先生的练法。顺势掌不仅仅是指按顺时针而变换掌式，更是源于它的用法：

顺着对方来手、来力的方向，顺势而打。

（一）顺势掌一：脑后摘盔

1. 青龙探爪

向左走"青龙探爪"左势 10 圈，自然呼吸，气沉丹田，目视圆心。（图 4-66）

2. 脑后摘盔

（1）行至起势处时，双掌不动，左足在右足前，足尖向圈外扣步，坐身合膝，目视圆心。（图 4-67）

（2）向右转身 180°，右足在圈上摆步，左臂外旋，左掌掌心向上，仍置身身后，右掌置于胸前，目视前方。（图 4-68）

（3）左足向右足前扣步，坐身合膝，左臂屈肘，掌心向前，自颈后经头顶向面前横臂推出，右手置于左臂之下，目视前方。（图 4-69）

图 4-66　　　　图 4-67　　　　　　图 4-68　　　　图 4-69

3. 白蛇伏草

向右转身，面对圆心时，重心移至左腿，坐身屈膝，右足向身右半仆步，双掌掌心向下，向身体两侧分别按出，左掌偏高，右掌按于右足足面，目视右掌。（图 4-70）

4. 走马活携

重心移至左腿成左弓步，同时左掌掌心向下，随着向左拧身的动作在左胯前画一大平圆，然后翻成掌心朝前，随之右掌掌心朝下，搂回腰际，整个动作要一气呵成，目视左掌动作。（图 4-71）

5. 叶底藏花

向右拧身拧腰，右足在左足前扣步，坐身合膝，右臂在前屈肘圆撑，左掌掌心向上，贴胸前向右腋下穿出，目视左前方。（图 4-72）

图 4-70　　　　　　　　图 4-71　　　　　　　　图 4-72

6.青龙探爪

接做"青龙探爪"左势，顺时针向左走圈，然后加练一个单换掌，换成"青龙探爪"右势，向右走 10 圈，自然呼吸，气沉丹田。当行至起势之处时，换"脑后摘盔"右势，接"青龙探掌"右势继续走圈，然后加练同一个单换掌，当换成"青龙探爪"左势时，此掌才算练习完毕。

【要点】

"脑后摘盔"时颈部要有"梗劲"，"白蛇伏草"时伏得越低越好。

（二）顺势掌二：风轮劈掌

1. 向左走"青龙探爪"左势 10 圈，自然呼吸，气沉丹田，目视圆心。（图 4-73）

2. 行至起势之处时，向右拧身，右足在左足前向圈外扣步，坐身合膝，目视圆心。（图 4-74）

图 4-73　　　　　　图 4-74

3.向左转身,面对圆心时双足碾动,坐身卧步,同时右掌自身后向前画弧抢劈而下,左掌随之劈下,右掌前,左掌后,目视左掌。（图4-75）

4.向右横跨右足成半马步,同时右臂屈肘屈腕,右掌磨右肋,随之掌心向外,拇指向下,向身体右侧推撞而出,高与肩平,左掌按于腹前,目视右掌。（图4-76）

图 4-75   图 4-76

5.左掌"走马活携""叶底藏花"变"青龙探爪",仍为左势,然后加练一个单换掌,换成"青龙探爪"右势,向右走10圈,自然呼吸,气沉丹田。当行至起势之处时,换"风轮劈掌"右势,接"青龙探爪"右势继续走圈,然后加练同一个单换掌,当换成"青龙探爪"左势时,此掌才算练习完毕。

【要点】

坐身卧步、双掌抢劈要一气呵成。

（三）顺势掌三：回身探掌

1.向左走"青龙探爪"左势10圈,自然呼吸,气沉丹田,目视前方。（图4-77）

2.行至起势处时,向右转身,左足在右足前向圈外扣步,同时左掌掌心向下,五指向前,自右肩上向圆心插出,名曰"回身探掌",目视左掌动作。（图4-78）

3.右足向圆心进半步,左掌置于胸前,右掌五指向下,向圆心方向插出,名曰"插掌",目视前方。（图4-79）

4.右足向右撤至圈上,左掌"叶底藏花"变"青龙探爪",成左势,然后加练一个单换掌,换成"青龙探爪"右势,向右走10圈,自然呼吸,气沉丹田。当行至起势处时,换"回身探爪"右势,接"青龙探爪"右势继续走圈,然后加练同一个单换掌,当换成"青龙探爪"左势时,此掌才算练习完毕。

【要点】

探掌和插掌时要肩催肘,肘催手,四指并拢,力在指端。

图 4-77   图 4-78   图 4-79

（四）顺势掌四：顺势摆莲

1. 向左走"青龙探爪"左势 10 圈，自然呼吸，气沉丹田，目视圆心。（图 4-80）

2. 行至起势之处时，左足在右足前向圈外扣步，右转回身，同时右掌向身体右侧抢打，提起右足，用足面向右掌拍击，目视右足动作。（图 4-81）

图 4-80   图 4-81

3. 收右腿，向右转身，在圈上落右足，扣左足，左掌"叶底藏花"变"青龙探爪"成左势，然后加练一个单换掌，换成"青龙探爪"右势，向右走 10 圈，自然呼吸，气沉丹田。当行至起势处时，换"顺势摆莲"右势，接"青龙探爪"右势继续走圈，然后加练同一个单换掌，当换成"青龙探爪"左势时，此掌才算练习完毕。

【要点】

"摆莲"之腿不要伸直，以利灵变敏捷，令敌防不胜防。

（五）顺势掌五：顺势顶肘

1. 向左走"青龙探爪"左势10圈，自然呼吸，气沉丹田，目视圆心。（图4-82）

2. 行至起势处时，双掌不动，左足在右足前向圈外扣步，目视圆心。（图4-83）

3. 向左转身，左足向身体右侧跨一步，面对圆心成马步，同时双掌握拳，屈臂将肘尖向两侧顶出，目视前方。（图4-84）

4. 扣左足，左掌"叶底藏花"变"青龙探爪"，仍是左势，然后加练一个单换掌，换成"青龙探爪"右势，向右走10圈，自然呼吸，气沉丹田。当行至起势之处时，换"顺势顶肘"右势，然后加练同一个单换掌，当换成"青龙探爪"左势时，此掌才算练习完毕。

图4-82　　　　　图4-83　　　　　图4-84

【要点】

顶肘时，力在肘尖。

（六）顺势掌六：卧牛腿

1. 向左走"青龙探爪"左势10圈，自然呼吸，气沉丹田，目视圆心。（图4-85）

2. 行至起势处时，向右转身，左足在右足前向圈外扣步，同时双臂抱于胸前，坐身合膝，目视前方。（图4-86）

3. 重心落于左腿，向前俯身，右足向身后蹬出，同时双掌分别向身体前后伸出，名曰"卧牛腿"，拧头回视右足。（图4-87）

4. 迅速收回右腿，向右转身，摆足落于圈上，扣左足。左掌"叶底藏花"变"青龙探爪"，仍是左势，然后加练一个单换掌，换成"青龙探爪"右势，向右走10圈，自然呼吸，气沉丹田。当行至起势处时，换"卧牛腿"右势，接"青龙探爪"右势继续走圈，然后加练同一个单换掌，当换成"青龙探爪"左势时，此掌才算练习完毕。

>>>

图 4-85

图 4-86

图 4-87

【要点】

蹬"卧牛腿"时要俯身，方可把腿蹬直，力在足心。收腿时要轻灵快捷，利于变化。

（七）顺势掌七：顺势腕打

1. 向左走"青龙探爪"左势10圈，自然呼吸，气沉丹田，目视圆心。（图4-88）

2. 行至起势处时，向右转身，左足在右足前向圈外扣步，同时双掌变勾手，在圈上上步，右腕自左臂下向圆心顶出，左勾手置于右肘之下，目视圆心。（图4-89）

图 4-88

图 4-89

3. 向右足前扣左足，右转身，在圈上摆右步，再扣左步，左掌"叶底藏花"变"青龙探爪"，仍是左势，然后加练一个单换掌，换成"青龙探爪"右势，向右走10圈，自然呼吸，气沉丹田。当行至起势处时，换"顺势腕打"右势，接"青龙探爪"右势继续走圈，加练同一个单换掌，当换成"青龙探爪"左势时，此掌才算练习完毕。

【要点】

腕打时，腕部要有顶力。

（八）顺势掌八：乳燕斜飞

1. 向左走"青龙探爪"左势10圈，自然呼吸，气沉丹田，目视圆心。（图4-90）

2. 行至起势处时，左足在右足前向圈外扣步，向右转体，同时左掌抱于胸前，右掌掌指向下伸于裆前，目视前方。（图4-91）

3. 向右转体，面对圆心时，右足在圈上向右横跨一步，同时右掌虎口向上，向胸前撩起，左掌掌心向内，置于左大腿上方，高与腰齐，名曰"乳燕斜飞"，目视右掌动作。（图4-92）

图4-90　　　　　　　　图4-91　　　　　　　　图4-92

4. 在右足前扣左足，左掌"叶底藏花"变"青龙探爪"，仍是左势，然后加练一个单换掌，换成"青龙探爪"右势，向右走10圈，自然呼吸，气沉丹田。当行至起势处时，换"乳燕斜飞"右势，接"青龙探爪"右势继续走圈，然后加练同一个单换掌，当换成"青龙探爪"左势时，此掌才算练习完毕。

【要点】

转身下立掌时，要尽力松肩下指。"乳燕斜飞"时，要向上靠打，力在掌、臂。

>>>

四、背身掌

　　背身掌八式是背身吐信、风轮劈掌、背身探掌、背身摆莲、胸前扑肘、卧牛腿、转身腕打、乳燕斜飞。其中第一掌背身吐信是程氏八大掌的第四掌。

　　背身掌是针对顺势掌而言的。顺势掌不仅仅是顺时针变换走转，真正内涵是顺势而打，既有顺势而打，为何不能有背势而打呢？八大掌中也有背身而打的掌法，名曰"背身掌"。

（一）背身掌一：背身吐信

1. 青龙探爪

　　向左走"青龙探爪"左势10圈，自然呼吸，气沉丹田，目视圆心。（图4-93）

2. 迎面片云

　　行至起势处，在圈上继续走右步、走左步，同时右掌不动，以左肘为轴，左掌掌心向上，在面前画弧云片，掌指向前，目视左掌。（图4-94）

3. 背身吐信

　　（1）右足在左足前扣步，坐身屈膝，同时左臂屈肘，向左肩上回折，左掌掌心向上，置于左肩上方，目视左掌。（图4-95）

　　（2）向左转身，原地摆步扣步360°，面对圆心时，左足在圈上向前跨一大步成半马步，同时左掌掌心向上，指尖向前，向身左伸出，目视左掌。（图4-96）

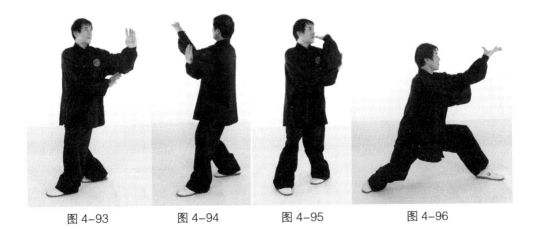

图4-93　　　　　　图4-94　　　　　　图4-95　　　　　　图4-96

4. 青龙出水

右足向左足前上步，同时右掌掌心朝上，掌指朝前，自左臂下向前穿出，左掌置于右肘上方，目视右掌前方。（图4-97）

5. 燕子抄水

右足迅速抽回，面对圆心，向身后撤右步，右转身，成右仆步，同时右掌掌心向上，贴右腿外侧迅速向右足面插掌，左掌掌心朝下，随在右掌后面，目视右掌。（图4-98）

图4-97

图4-98

6. 仰身吐信

轻挪右足尖，左足在右足前直上左步，足尖点地，仰身，同时左臂外旋，掌心向上，自右臂下向前下方穿出，右掌掌心护于面前，目视右掌前方。（图4-99）

7. 白猿献桃

左足在右足前扣步，同时坐身屈膝，向右转体，双掌掌心向上，贴腕坠肘，托于右肩前，目视右肩前方。（图4-100）

8. 双蛇吐信

向右转体，原地摆步扣步360°，当面对圈外时，右足横跨一步，同时双掌掌心向上，分别向身体两侧伸出，目视右掌前方。（图4-101）

9. 推山入海

左足向右足前上步，同时左掌掌心向上，掌指朝前，自右臂由下向前穿出，向右转体，面对圆心时，左足在圈上向左横跨一步成半马步，同时左臂内旋，掌心向外，拇指向下，向左前方推出，右掌掌心朝下，按于腹前，目视左前方。（图4-102）

10. 走马活携

重心移至右腿，右转身成右弓步，同时右掌掌心向下，随向右拧腰的动作在右胯前画一个大平圆，然后翻成掌心向前，随之左掌掌心朝下，搂回腰际，目视右掌动作。（图4-103）

图 4-99   图 4-100   图 4-101

图 4-102   图 4-103

11. 叶底藏花

向左转身，在左足前扣右足成丁字步或八字步，坐身合膝，左臂在前屈肘圆撑，右掌掌心向上，贴胸前向左腋下穿出，目视左肩前方。

12. 青龙探爪

向右转身，换成"青龙探爪"右势，向右走10圈，自然呼吸，气沉丹田。当行至起势处时，换"背身吐信"右势继续走圈，当换成"青龙探爪"左势时，此掌才算练习完毕。

【要点】

"背身吐信"与"白蛇吐信"都要从颈部穿出掌，掌心向上挺，如蛇吐信一般。"背身吐信"还要有向下的沉压之力。

（二）背身掌二：风轮劈掌

1. 向左走"青龙探爪"左势 10 圈，在起势处继续走右步，走左步，同时左掌"迎面云片"，目视前方。（图 4-104）

2. 左足原地扣步，向左拧身，双掌掌背相贴，并于体前，拧头左视。（图 4-105）

3. 左转回身，双足拧动，面对圆心，卧步坐身，左掌自下向上、向前抡臂劈下，右掌随之劈下，名曰"风轮劈掌"，目视前方。（图 4-106）

4. 左足向左横跨一步成马步，左掌磨肋，掌心向外，向身左推撞，右掌按于裆前，掌心向下，目视左前方。（图 4-107）

图 4-104　　　　图 4-105　　　　图 4-106　　　　图 4-107

5. 向左拧身，右掌"叶底藏花"变"青龙探爪"右势，向右走 10 圈，自然呼吸气沉丹田。当行至起势处时，换"风轮劈掌"右势继续走圈，当换成"青龙探爪"左势时，此掌才算练习完毕。

【要点】

双臂的抡劈要画立圆，要猛烈而且有力。

（三）背身掌三：背身探掌

1. 向左走"青龙探爪"左势 10 圈，在起势处继续走右步，走左步，同时左掌"迎面云片"，左足原地扣步，向右拧身，双臂抱于胸前，目视右前方。（图 4-108）

2. 双足不动，突然向左拧身，右掌掌心向下，掌指向前自颈部向左前方探出，名曰"背身探掌"，目视左前方。（图 4-109）

3. 原地摆左足，在左足前扣右足，右掌"叶底藏花""青龙探爪"，向右走 10 圈，自然呼吸，气沉丹田。当行至起势处时，换成"背身探掌"右势继续走圈，当换成"青龙探爪"左势时，此掌才算练习完毕。

图 4-108

图 4-109

（四）背身掌四：背身摆莲

1. 向左走"青龙探爪"左势 10 圈，自然呼吸，气沉丹田。当行至起势处，继续走右步，走左步，同时左掌"迎面云片"，左足原地扣步，向右拧身，双臂抱于胸前，目视前方。（图 4-110）

2. 重心移至右腿，左腿提起，屈膝，向身体左侧方向横摆踢出，双臂伸直，随摆足动作向身体左侧横抡，目视左足。（图 4-111）

图 4-110

图 4-111

3. 收回左足，向身左的圈上落步成仆步，左掌"燕子抄水"，右掌"走马活携""叶底藏花"，变"青龙探爪"向右走 10 圈，自然呼吸，气沉丹田。当行至起势之处时，换"背身摆莲"右势继续走圈，当换成"青龙探爪"左势时，此掌才算练习完毕。

【要点】

"摆莲"时，力在足面，与腰同高，但腿不要直，可屈膝，便于灵活变化。"燕子抄水"的姿势越低越好。

（五）背身掌五：胸前扑肘

1.向左走"青龙探爪"左势10圈，自然呼吸，气沉丹田。当行至起势之处时，换"迎面云片"，左足原地扣步，向右拧身，双臂抱于胸前，目视右前方。（图4-112）

2.双足不动，右掌不动，左肘突然抬起，目视左掌。（图4-113）

3.进左足，跟右足，右掌不动，左肘向左前方扑打，目视左前方。（图4-114）

4.进左足，右掌不动，左掌掌指向前，伸臂插出，目视左前方。（图4-115）

| 图 4-112 | 图 4-113 | 图 4-114 | 图 4-115 |

5.收左足，面对圆心成左仆步，左掌"燕子抄水"，右掌"走马活携"，"叶底藏花"再换成"青龙探爪"，向右走10圈，自然呼吸，气沉丹田。当行至起势之处时，换"胸前扑肘"右势继续走圈，当换成"青龙探爪"左势时，此掌才算练习完毕。

【要点】

抬肘、仆肘时，力在肘尖。

（六）背身掌六：卧牛腿

1.向左走转"青龙探爪"左势10圈，自然呼吸，气沉丹田。当行至起势之处时，继续走右步，走左步，同时左掌"迎面云片"，左足原地扣步，向右拧身，双臂抱于胸前，目视右前方。（图4-116）

2.向前俯身，左腿提起向身后蹬出，同时双掌分向身体前后探出，目视右掌。（图4-117）

3.迅速抽回左腿，在圈上右足前落左足，屈膝下蹲，同时右掌向圆心抡臂劈下，左掌随之。（图4-118）

4.撤左足，扣右步，右掌"叶底藏花"变"青龙探爪"，向右走10圈，自然呼吸，气沉丹田。当行至起势之处时，换成"卧牛腿"右势继续走圈，当换成"青龙探爪"

左势时，此掌才算练习完毕。

【要点】

卧牛腿的力在足心，俯身越低越好，仿佛黄牛卧在地面向后蹬腿，故名"卧牛腿"。

图 4-116　　　　　　　　图 4-117　　　　　　　　图 4-118

（七）背身掌七：转身腕打

1. 向左走转"青龙探爪"左势 10 圈，自然呼吸，气沉丹田。当行至起势之处时，走右步，走左步，同时右掌"迎面云片"，左足原地扣步，向右拧身，双臂抱于胸前，目视右前方。（图 4-119）

2. 向左拧身，提左膝成独立步，左掌变勾手，用腕部向圆心顶打，右掌变勾手随之，目视左前方。（图 4-120）

图 4-119　　　　　　　　图 4-120

3. 向左拧身，左足在圈上落步成仆步，左掌"燕子抄水""走马活携""叶底藏花"，再换成"青龙探爪"，向右走 10 圈，自然呼吸，气沉丹田。当行至起势之处时，换"转身腕打"右势继续走圈，当换成"青龙探爪"左势时，此掌才算练习完成。

【要点】

"腕打"的力在腕部，要顶出"寸劲"。

（八）背身掌八：乳燕斜飞

1.向左走转"青龙探爪"左势 10 圈，自然呼吸，气沉丹田。当行至起势处，继续走右步，走左步，左掌"迎面云片"，左足原地扣步，向右拧身，同时双臂抱于胸前，目视右前方。（图 4-121）

2.左转身，上左足，左掌向圆心自下而上用虎口撩出，右掌掌心向下落于胯右，目视左掌。（图 4-122）

图 4-121　　　　　　　　　　图 4-122

3.左足在圈上摆步，在左足前扣右步，向左拧身，右掌"叶底藏花"，再换成"青龙探爪"，向右走 10 圈，自然呼吸，气沉丹田。当行至起势之处时，换"转身腕打"右势继续走圈，当换成"青龙探爪"左势时，此掌才算练习完毕。

【要点】

拧腰与斜飞要协调一致，用腰带动左臂左掌向左上方的靠撞之力。

五、转身掌

转身掌八式是阴阳鱼、猛虎出洞、怀中抱月、天王打伞、天马行空、金龙合口、狮子张口、转身削掌。其中第一掌阴阳鱼是程氏八大掌的第五掌。

骆兴武先生曾凭所练转身掌夺得过武术冠军。1931 年前，在沈阳举行过一次大规模的武术擂台赛。骆兴武先生在擂台上表演了一套"八面战身枪"和一个"转身掌"，获得了总分第一，夺得总冠军，张作霖亲自为骆兴武先生颁奖。程有功先生对骆兴武先生说："那天我高兴，多吃了一碗饭。"骆兴武先生的转身掌就是程有功先生所传，与程有信先生的转身掌大同小异。

　　程廷华先生的长子程有龙先生、次子程有信先生、侄子程有功先生所练八大掌中都有转身掌，说明转身掌确定无疑是八大掌之一。程有信先生的转身掌不仅要在大圈上变换，而且要在大圈上变换后再在大圈上的变换之点连续转三个四步的小圈，才能以"叶底藏花"收势。本书介绍的转身掌，是程有信先生的练法。

（一）转身掌一：阴阳鱼

1.青龙探爪

　　向左走转"青龙探爪"左势 10 圈，自然呼吸，气沉丹田，目视圆心。（图 4-123）

2.扣步带掌

　　行至起势处，右足在左足前向圆心扣步，同时向右拧腰转体，左臂外旋，掌心向内，右臂内旋，掌心向外，在面前向右横带，目视左手。（图 4-124）

3.霸王捆肘

　　向左拧腰转体，摆左步成半弓步，右臂外旋屈肘，向前方下截，肘尖与左足上下对称，左手掌心向下，自然托于右肘肘尖处，目视前方。（图 4-125）

4.拍胸仆肘

　　在左足前上右足，成半弓步，同时右肘向右画弧再向前横臂扑打，高与胸平，左掌附于右前臂外侧，目视右肘。（图 4-126）

图 4-123　　　　图 4-124　　　　　　图 4-125　　　　图 4-126

5. 阴阳鱼

（1）向右足内侧撤左足成左虚步，同时双臂外旋，掌心向上，向腹前推出，左掌在前，右掌在后，目视左前方。（图4-127）

（2）向身体左前方拧腰转体上左步，同时双臂内旋，掌心向外，分别向身体前后推出，右掌推至左肩前，左掌推至右胯后，以未撤左足时的左足之处为小圆心，向左上右步，再上左步，再上右步，再上左步，走成四步小圈，左转三圈，目视小圆心方向。（图4-128）

6. 推山入海

当行至起势之处时，右足在左足前扣步，面对大圆心，左足在大圈上向左跨一步成半马步，同时左掌拇指向下，掌心向外，向身左推出，高与眉平，右掌按于腹前，目视左前方。（图4-129）

图4-127   图4-128   图4-129

7. 青龙探爪

右掌"走马活携""叶底藏花"，再换成"青龙探爪"，向右走10圈，自然呼吸，气沉丹田。当行至起势之处时，换"阴阳鱼"右势继续走圈，当换成"青龙探爪"左势时，此掌才算练习完毕。

【要点】

在大圈上走四步小圈的"阴阳鱼"时，切忌端肩，要拧着腰走。

（二）转身掌二：猛虎出洞

1. 向左走转"青龙探爪"10圈，自然呼吸，气沉丹田。当行至起势之处时，换"扣步带掌""霸王捆肘""拍胸仆肘"，目视前方。（图4-130）

2. 向左拧身，撤左足，贴于右足内侧，足尖点地，同时双掌掌心向上，右掌在上，

左掌在下，向左画平圆，收于腹前，目视右下方。（图4-131）

3. 上左足，重心落于右足，成坐步，同时双掌掌心向前，掌根并拢，向前托出，高与胸平，名曰"猛虎出洞"，目视前方。（图4-132）

4. 以左足处为圆心，上左步，上右步，上左步，上右步，向左绕走四步的小圈三圈，当面对大圆心时，右足在左足前向大圆心扣步，左足在大圈上向左横跨一步，双腿屈膝左掌内旋变勾手磨左肋，随之掌心向外，向身体左侧推出，名曰"推山入海"，右掌掌心向下，自然按于腹前，目视左掌。（图4-133）

5. 接换"走马活携""叶底藏花"，再换成"青龙探爪"，向右走转大圈10圈，自然呼吸，气沉丹田。当行至起势之处时，换"猛虎出洞"右势继续走圈，当换成"青龙探爪"左势时，此掌才算练习完毕。

图4-130　　　　　图4-131　　　　　图4-132　　　　　图4-133

【要点】

"猛虎出洞"时要沉肩坠肘，力达于手。前足要有踩力，后足可跟步。走圈时，双足虚实分明，力达掌心。

（三）转身掌三：怀中抱月

1. 向左走转"青龙探爪"左势10圈，自然呼吸，气沉丹田，在起势处换"扣步带掌""霸王捆肘""拍胸仆肘"，目视前方。（图4-134）

2. 向左拧身，撤左足，贴于右踝骨内侧，足尖点地，同时双臂外旋，双掌掌心向上，下沉于腰的左侧，目视左前方。（图4-135）

3. 以未撤左足时的左足处为小圆心，上左步、右步、左步、右步，向左转四步的小圈，同时双臂内旋，翻成双掌掌心向前、掌指相对的"怀中抱月"，向前圆臂撑出，目视小圆心方向。（图4-136）

| 图 4-134 | 图 4-135 | 图 4-136 |

4.当行至第三圈后,右足在左足前向大圆心扣步,面对大圈圆心,左掌在大圈上"推山入海",右掌"走马活携""叶底藏花""青龙探爪",向右走转大圈 10 圈,自然呼吸,气沉丹田。当行至起势之处时,换"怀中抱月"右势继续走圈,当换成"青龙探爪"左势时,此掌才算练习完毕。

【要点】

练习"怀中抱月"时,一定要沉肩,双臂向前圆撑,后背向后拱,这样才能产生向前的顶撞之力。

（四）转身掌四：天王打伞

1.向左走转"青龙探爪"左势 10 圈,自然呼吸,气沉丹田。当行至起势之处时换"扣步带掌""霸王捆肘""拍胸仆肘",目视右前方。（图 4-137）

2.向左拧身,撤左足,足尖点地,同时双臂外旋,双掌掌心向上,下沉于腰的左侧,目视左前方。（图 4-138）

3.以未撤左足时的左足处为圆心,向左走左步、右步、左步、右步的四步小圈,同时左掌掌指向上,微屈肘伸于左额前,右掌掌心向外按于左腿外侧,名曰"天王打伞",目视圆心方向。（图 4-139）

4.当行至第三圈后,右足在左足前扣步,面对大圈圆心,左掌在大圈上"推山入海",右掌"走马活携""叶底藏花",再换成"青龙探爪"右势,向右走 10 圈,自然呼吸,气沉丹田。当行至起势之处时,换"天王打伞"右势继续走圈,当换成"青龙探爪"左势时,此掌才算练习完毕。

【要点】

练"天王打伞"时要沉肩坠肘。转小圈时要拧腰而走。

| 图 4-137 | 图 4-138 | 图 4-139 |

（五）转身掌五：天马行空

1. 向左走转"青龙探爪"左势 10 圈，自然呼吸，气沉丹田。在起势处换"扣步带掌""霸王捆肘""拍胸仆肘"，目视右前方。（图 4-140）

2. 向左拧身，撤左足，贴于右足内侧，向左前方上左步，同时双掌掌背向前，左掌在前，右掌在后，向身左撑出，目视圆心。（图 4-141）

| 图 4-140 | 图 4-141 |

3. 以左足处为小圆心，向左走四步的小圈，名曰"天马行空"。行三小圈后，在左足前扣右足，面对大圆心，左掌在大圈上"推山入海"，右掌"走马活携""叶底藏花"，再换成"青龙探爪"，向右走 10 圈，自然呼吸，气沉丹田。当行至起势之处时，换"天马行空"右势继续走圈，当换成"青龙探爪"左势时，此掌才算练习完毕。

【要点】

练"天马行空"时，要松肩坠肘，双掌掌心要有向前的撑打之力。

（六）转身掌六：金龙合口

1.向左走转"青龙探爪"左势10圈，自然呼吸，气沉丹田。在起势处换"扣步带掌""霸王捆肘""拍胸仆肘"，目视前方。（图4-142）

2.向左拧身，撤左足，贴右足内侧向左前方上步，同时双臂屈肘，左掌掌指向下，掌心向外，左肘尖贴于左腰际，右掌在上，掌心向前，双掌腕部相贴，同时向身体左侧推出，目视前方。（图4-143）

图4-142   图4-143

3.以未撤左足时的左足处为小圆心，上左步，上右步，上左步，上右步，向左走四步的小圈三圈，名曰"金龙合口"。走三圈后，右足在左足前扣步，面对大圆心，左掌在大圈上"推山入海"，右掌"走马活携""叶底藏花"，再换成"青龙探爪"，向右走转大圈10圈，自然呼吸，气沉丹田。当行至起势之处时，换"金龙合口"右势继续走圈，当换成"青龙探爪"左势时，此掌才算练习完毕。

【要点】

练"金龙合口"时，双掌要有向前的推撞之力。

（七）转身掌七：狮子张口

1.向左走转"青龙探爪"左势10圈，自然呼吸，气沉丹田，在起势处换"扣步带掌""霸王捆肘""拍胸仆肘"，目视右前方。（图4-144）

2.向左拧身，撤左足，贴于右足内侧，向左前方上步，同时左掌掌心朝上，高与肩平，右掌高与头平，两掌掌心相对，成合抱姿势，向身体左前方伸出，目视圆心。（图4-145）

图 4-144   图 4-145

3. 以未撤左足时的左足处为小圆心，向左走转四步的小圈。行至第三圈时，右足在左足前扣步，面对大圆心，左掌在大圈上"推山入海"，右掌"走马活携""叶底藏花"，再换成"青龙探爪"，向右走转大圈 10 圈，自然呼吸，气沉丹田。当行至起势之处时，换"狮子张口"右势继续走圈，当换成"青龙探爪"左势时，此掌才算练习完毕。

（八）转身掌八：转身削掌

1. 向左走转"青龙探爪"左势 10 圈，自然呼吸，气沉丹田。当行至起势之处时，换"扣步带掌""霸王捆肘""拍胸仆肘"，目视前方。（图 4-146）

2. 向左拧身，撤左足，贴于右足内侧，随之上左步，左掌掌心向下，向身体左侧平削，右掌掌心向上，随在左臂之下，目视左掌。（图 4-147）

图 4-146   图 4-147

3.以未撤左足时的左足处为小圆心，向左转四步的小圈三圈。当行至起势处时，右足在左足前扣步，面对大圆心，左掌在大圈上"推山入海"，右掌"走马活携""叶底藏花"，再换成"青龙探爪"，向右走 10 圈，自然呼吸，气沉丹田。当行至起势之处时，换"转身削掌"右势继续走圈，当换成"青龙探爪"左势时，此掌才算练习完毕。

【要点】

削掌时要向前松肩，力在小指外沿。

六、磨身掌

磨身掌八式是青龙掉尾、磨身撩阴、白猿托桃、磨身顶肘、脱身换影、鬓角插花、凤凰夺窝、金鸡撒膀。其中第一掌青龙掉尾是程氏八大掌的第六掌。

磨身掌就是"脱身换影"，因为磨身掌要贴着对方身子使用，在对方面前动手、动身、动步，眨眼间已经在对方面前转了一圈，仍在原地，仍是对面，却早已把对方打中。程有信先生的磨身掌在原地摆步、扣步，就是练习在对方的面前磨身而打。所以本书介绍的程有信先生的磨身掌，要在转身掌的小圈的圈心上，原地摆步、扣步、变掌换势。

（一）磨身掌一：青龙掉尾

1.青龙探爪

向左走转"青龙探爪"左势 10 圈，自然呼吸，气沉丹田，目视圆心。（图 4-148）

2.钝镰割草

（1）行至起势处，在圈上上右步，同时右臂外旋，掌心向上，以右肘为轴，向圆心云片砍出，左掌置于右肘下，目视圆心方向。（图 4-149）

（2）在右足前微扣左足，同时左掌掌心向下，以小指外沿自右臂上方向圆心砍出，高与肩平，右掌收于左肘下方，目视圆心方向。（图 4-150）

3.青龙掉尾

向左拧腰俯身，原地摆左足，同时左臂内旋，屈肘屈腕，左掌变勾手，伸至背后，右掌不动，目视左前方。（图 4-151）

4.白蛇缠身

（1）起身，在左足前扣右足，再向右足前摆左足，右掌掌指向上，自左臂下贴左臂向上穿起至右臂自然伸直，左勾手变掌，置于右肩前，目视前方。（图 4-152）

（2）在左足前扣右足，左转身，右掌掌心向下，向左肩外扣下，左掌于右腋下翻成掌心向外，目视右掌动作。（图4-153）

图4-148　　　　　　图4-149　　　　　　图4-150

图4-151　　　　　　图4-152　　　　　　图4-153

5.叶底藏花

原地摆左足，在左足前扣右足，换成"叶底藏花""青龙探爪"右势，向右走10圈，自然呼吸，气沉丹田。当行至起势之处时，换"青龙掉尾"右势继续走圈，当换成"青龙探爪"左势时，此掌才算练习完毕。

【要点】

在原地摆扣步，仿佛不离轴心的陀螺旋转。手足要协调一致，整个动作一气呵成。

（二）磨身掌二：磨身撩阴

1. 向左走转"青龙探爪"左势10圈，自然呼吸，气沉丹田。当行至起势之处时，换"钝镰割草"。（图4-154）

2. 接上势，摆左足，向左转体270°，扣右足，同时左臂内旋屈臂，向身后左侧方插掌，掌心向外，右掌置于左腋下，拧头左视。（图4-155）

3. 在左足前扣右足，原地摆左足，再扣右足，右掌"叶底藏花"，再换"青龙探爪"，向右走转10圈，自然呼吸，气沉丹田。当行至起势之处时，换"磨身撩阴"右势继续走圈，当换成"青龙探爪"左势时，此掌才算练习完毕。

图4-154   图4-155

【要点】

动作要连贯，一气呵成。

（三）磨身掌三：白猿托桃

1. 向左走转"青龙探爪"左势10圈，自然呼吸，气沉丹田。在起势处换"钝镰割草"，目视左前方。（图4-156）

2. 接上势，向左转身，摆左足，扣右足，同时双掌变成掌心向上，掌腕相贴，向面前托打，名曰"白猿托桃"，目视双掌动作。（图4-157）

3. 原地摆左足，扣右足，右掌"叶底藏花"，再换成"青龙探爪"，向右转10圈，自然呼吸，气沉丹田。当行至起势之处时，换"白猿托桃"右势继续走圈，当换成"青龙探爪"左势时，此掌才算练习完毕。

图 4-156　　　　　　　　　图 4-157

【要点】

动作要连贯，一气呵成。

（四）磨身掌四：磨身顶肘

1.向左走转"青龙探爪"左势 10 圈，自然呼吸，气沉丹田。在起势处换"钝镰割草"，目视左前方。（图 4-158）

2.接上势，摆左足，向左转身 180°，扣右足，同时左掌磨左肋握拳，向前顶肘，目视左前方。（图 4-159）

图 4-158　　　　　　　　　图 4-159

3. 原地摆左足，再扣右足，右掌"叶底藏花"，再换成"青龙探爪"，右转 10 圈，自然呼吸，气沉丹田。当行至起势之处时，换"磨身顶肘"右势继续走圈，当换成"青龙探爪"左势时，此掌才算练习完毕。

【要点】

如果把顶肘变成肩撞，则名曰"磨身撞打"。

（五）磨身掌五：脱身换影

1. 向左走转"青龙探爪"左势 10 圈，自然呼吸，气沉丹田。在起势处换"钝镰割草"，目视左前方。（图 4-160）

2. 接上势，向左转身，向身后摆左足，扣右足，同时左臂内旋，横臂屈肘，掌心向外，右掌推于左前臂内侧，双掌合力向前推打，目视前方。（图 4-161）

图 4-160   图 4-161

3. 在原地摆左足，左足前扣右足，右掌"叶底藏花""青龙探爪"，右转 10 圈，自然呼吸，气沉丹田，当行至起势之处时，用同样动作，唯方向相反，换"脱身换影"右势，当换成"青龙探爪"左势时，此掌才算练习完毕。

【要点】

全掌动作要连贯，一气呵成。

（六）磨身掌六：鬓角插花

1. 向左走转"青龙探爪"左势 10 圈，自然呼吸，气沉丹田，在起势处换"钝镰割草"，目视左前方。（图 4-162）

2. 向左转身，向身后摆左足，扣右足，上左步，同时双臂内旋，掌背相对，掌指向前，双腕并拢向前插出，目视双掌。（图 4-163）

3. 摆左足，扣右步，右掌"叶底藏花"，再换成"青龙探爪"，右转 10 圈，自然呼吸，气沉丹田。当行至起势之处时，换"鬓角插花"右势继续走圈，当换成"青龙探爪"左势时，此掌才算练习完毕。

图 4-162　　　　　　　　图 4-163

【要点】

"鬓角插花"要向前松肩、伸臂，力在指端。

（七）磨身掌七：凤凰夺窝

1.向左走转"青龙探爪"左势10圈，自然呼吸，气沉丹田。起势处换"钝镰割草"，目视左前方。（图 4-164）

2.向左转身，向身后摆左足，在左足前扣右足，突然右足蹬出，同时双掌托于胸前，名曰"凤凰夺窝"，目视右足。（图 4-165）

图 4-164　　　　　　　　图 4-165

3.原地落右足成扣步，右掌"叶底藏花"，再换成"青龙探爪"，右转10圈，自然呼吸，气沉丹田。当行至起势之处时，换"凤凰夺窝"右势继续走圈，当换成"青龙探爪"左势，此掌才算练习完毕。

【要点】

蹬足时要突然，动作要敏捷有力。

（八）磨身掌八：金鸡撒膀

1.向左走转"青龙探爪"左势10圈，自然呼吸，气沉丹田。在起势处换"钝镰割草"，目视左前方。（图4-166）

2.向左转身，向身后摆左足，在左足前扣右足，再向左拧身，上体左前倾，提左膝与胸同高，同时左掌掌心向下，按于左脚踝外侧，右掌掌心向外，横架于头部右上方，目视左掌动作。（图4-167）

3.随之落左足，扣右足，右掌"叶底藏花"，再换成"青龙探爪"，右转10圈，自然呼吸，气沉丹田。当行至起势处时，换"金鸡撒膀"右势继续走圈，当换成"青龙探爪"左势时，此掌才算练习完毕。

图4-166   图4-167

【要点】

练习"金鸡撒膀"的提膝时，可以屈身，撒膀时双掌要分别塌出力量。

七、翻身掌

翻身掌八式是大蟒翻身、怪蟒翻身、懒龙翻身、燕子翻身、狮子翻身、鲤鱼翻身、鹞子翻身、蛟龙翻身。其中第一掌大蟒翻身是程氏八大掌的第七掌。

关于翻身掌，骆兴武老师讲过一段见闻。骆先生曾去拜访形意拳名家李存义先生的弟子李子扬先生。见过礼后，二人喝茶闲谈。李子扬先生说："昨天程有龙先生来看我，就在这屋内练了一阵八卦掌。程先生的功夫咱们真比不了，特别是步法和身法，程先生练的大蟒翻身，真是太活啦，让我开了眼界。"

程有龙先生的弟子孙锡堃先生，在其著《八卦掌真传》一书中，还专门介绍了翻身掌的用法，足见翻身掌的重要性。我练习八卦掌多年，见过了无数老前辈的翻身掌，还未见过像程有龙先生的翻身掌如此神妙的。

（一）翻身掌一：大蟒翻身

1. 青龙探爪

向左走转"青龙探爪"左势10圈，自然呼吸，气沉丹田，目视圆心。（图4-168）

2. 迎面点腿

当右足行至起势处时，重心右移，两臂外旋，掌心向上，经胸前向身体前上方穿出，同时左腿提起，脚面绷直，用足尖向双掌点去，目视前方。（图4-169）

3. 燕子抄水

左腿屈膝收回，向身后插下，面向圆心，右腿屈膝下蹲成左仆步，同时双臂内旋，左掌在前，掌心向外，右掌随后，掌心向下，贴左腿外侧向左足面下插，目视左掌。（图4-170）

图4-168 图4-169 图4-170

4. 大蟒翻身

（1）重心移至左足，屈膝蹲身，右足在左足前扣步，尽力俯身，右掌向左腋下插去，左掌置于胸前，目视右掌动作。（图4-171）

（2）左足尖碾动，足尖点地成左虚步，向右仰面翻身，翻成胸部、面部朝上，同时右掌掌心向上，向前下方穿出，左掌自然伸至脑后，目视前上方。（图4-172）

5. 云龙献爪

（1）仍仰身，左掌掌心向上，自脑后经胸前向右肩后云片一周，目视左掌动作。（图4-173）

（2）仍仰身，右掌掌心向上，自左臂下向身后继续片出，左掌置于右肘内侧，目视右掌动作。（图4-174）

图4-171

图4-172

图4-173

图4-174

6. 泰山压顶

上体向左拧转，双腿不变，同时右臂内旋，屈肘，右掌掌心向下，经头部向左肩外扣下，左掌置于右腋下，目视左前方。（图4-175）

7. 三盘落地

向左拧身，面对圆心时，左足在圈上向左跨一大步，同时右腿屈膝蹲身变成半马步，双掌在腹前交叉后，分别向身体两侧按出，目视左掌。（图4-176）

图 4-175　　　　　　　　　　图 4-176

8. 反背沉掌

双掌经腹前翻成掌心向上时，用掌背向身体两侧分别砸下，目视左前方。（图 4-177）

9. 推山入海

向右足旁撤左足，同时左掌屈腕摩肋，随之再向身左横跨左足成半马步，同时左掌拇指向下，掌心向外，向身左推打，右掌掌心向下，置于腹前，目视左前方。（图 4-178）

图 4-177　　　　　　　　　　图 4-178

10. 叶底藏花

右掌"走马活携"变"叶底藏花"，再换成"青龙探爪"，右转 10 圈，自然呼吸，气沉丹田。当行至起势之处时，换"大蟒翻身"右势继续走圈，当换成"青龙探爪"

左势时，此掌才算练习完毕。

【要点】

"燕子抄水"要轻快，姿势要低。"大蟒翻身""云龙献爪""泰山压顶"要仰身，一气呵成。腰部既要柔韧又要灵活，翻身的程度和仰身的程度越大越好。

（二）翻身掌二：怪蟒翻身

1.向左走转"青龙探爪"左势10圈，自然呼吸，气沉丹田。在起势处换"迎面点腿""燕子抄水"。（图4-179）

2.重心移至左足，屈膝半蹲，右足在左足前扣步，俯身，右掌向左腋下插去，左掌随动，置于胸前，目视右掌。（图4-180）

3.重心移至右腿，向左仰面翻身，左足提起向前点出，与腰同高，同时右掌掌心向上，向体前穿出，左掌掌心向上，自然伸于脑后，名曰"怪蟒翻身"，目视前上方。（图4-181）

图4-179　　　　　图4-180　　　　　图4-181

4.屈身，收回左足、左掌，当面对圆心时，左足向身左圈上仆步，换成"燕子抄水"，右掌"走马活携""叶底藏花"，再换成"青龙探爪"，右转10圈，自然呼吸，气沉丹田。当行至起势之处时，换"怪蟒翻身"右势继续走圈，当换成"青龙探爪"左势时，此掌才算练习完毕。

【要点】

翻身、点脚要一气呵成，尽可能使上身、左掌、右掌、左足仰成一个水平面。

（三）翻身掌三：懒龙翻身

1.向左走转"青龙探爪"左势10圈，自然呼吸，气沉丹田，在起势处换"迎面点腿""燕子抄水"。（图4-182）

2.右足在左足前扣步，向右转体90°，俯身，左足在右足后插步，右掌向右腋下插出，左掌置于体前，拧头左视。（图4-183）

3. 向右转体 180°，面对圆心，向后仰身，同时双臂外旋，掌心向上，分别自颈部向两肩外穿出，名曰"懒龙翻身"，目视前方。（图 4-184）

4. 左足尖碾动，左转身，右腿收回，双腿屈膝卧步，左腿在前，右腿在后，同时双臂内旋，双掌自身后经头部向身前按下，右掌在前，左掌在后，目视前方。（图 4-185）

5. 向左拧身，面对圆心时，左足在圈上向身左跨一大步成左仆步，左掌"燕子抄水"，右掌"走马活携""叶底藏花"，再换成"青龙探爪"，右转 10 圈，自然呼吸，气沉丹田。当行至起势之处时，换"懒龙翻身"右势继续走圈，当换成"青龙探爪"左势时，此掌才算练习完毕。

图 4-182

图 4-183

图 4-184

图 4-185

【要点】

"懒龙翻身"又名"亮胸掌"，练习时要尽力仰身。"懒龙卧道"要向前俯身卧步，越低越好。

（四）翻身掌四：燕子翻身

1.向左走转"青龙探爪"左势 10 圈，自然呼吸，气沉丹田，在起势处换"迎面点腿""燕子抄水"，俯身，扣步，插步。（图 4-186）

2.向左转体 180°，拧身仰体，同时右掌掌指向上，贴左臂向上螺旋穿出，左掌不动，目视右掌。（图 4-187）

3.向左转体，右足在左足前扣步，左掌自右臂内侧螺旋穿下，目视左掌。（图 4-188）

图 4-186   图 4-187   图 4-188

4.向左转 180°，面对圆心，左掌"燕子抄水"，右掌"走马活携""叶底藏花"，再换成"青龙探爪"，右转 10 圈，自然呼吸，气沉丹田。当行至起势之处时，换"燕子翻身"右势继续走圈，当换成"青龙探爪"左势时，此掌才算练习完毕。

【要点】

动作 3 和动作 4 都是在仰身及拧身下完成的，穿掌时要穿出螺旋劲。整个动作要协调一致，一气呵成。

（五）翻身掌五：狮子翻身

1.向左走转"青龙探爪"左势 10 圈，自然呼吸，气沉丹田。当行至起势之处时，换"迎面点脚""燕子抄水""扣步翻身"。（图 4-189）

2.起身，撤左步，再撤右步，双掌收回胸前，左掌在下，右掌在上，掌心相对向左前上方推出，成狮子张口状，目视双掌动作。（图 4-190）

3.摆左足，左转身 90°，在左足前扣右足，向左仰面拧体翻身，同时右掌掌心向上，向左臂下穿出，左掌贴于右臂上方，掌心向下，目视上方。（图 4-191）

图 4-189　　　　　　　图 4-190　　　　　　　图 4-191

4.向身后插左足，面对圆心时成仆步，左掌"燕子抄水"，右掌"走马活携""叶底藏花"，再换成"青龙探爪"，右转 10 圈，自然呼吸，气沉丹田。当行至起势之处时，换"狮子翻身"右势继续走圈，当换成"青龙探爪"左势时，此掌才算练习完毕。

【要点】

扣步翻身之后要仰面翻身，动作要连贯，一气呵成。腰要柔韧灵活，步子要灵变自如。

（六）翻身掌六：鲤鱼翻身

1.向左走转"青龙探爪"左势 10 圈，自然呼吸，气沉丹田。当行至起势之处时，换"迎面点腿""燕子抄水""扣步翻身"。（图 4-192）

2.随之左掌掌心向下，自脑后向身前猛力劈砸，劈下时可提膝屈身，有鲤鱼打挺之意，目视前方。（图 4-193）

图 4-192　　　　　　　　　图 4-193

3.撤左足，左转身，面对圆心时成左仆步，左掌"燕子抄水"，右掌"走马活携""叶底藏花"，再换成"青龙探爪"，右转10圈，自然呼吸，气沉丹田。当行至起势之处时，换"鲤鱼翻身"右势继续走圈，当换成"青龙探爪"左势时，此掌才算练习完毕。

【要点】

仰身时向前屈身劈砸，要练出鲤鱼打挺的劲头。劈砸时，掌心向下，向对方面部猛力下劈。

（七）翻身掌七：鹞子翻身

1.向左走转"青龙探爪"左势10圈，自然呼吸，气沉丹田，在起势处换"迎面点腿""燕子抄水""扣步翻身"。（图4-194）

2.仍仰身，右掌向右画弧至面前时，翻腕变勾手，向前上方勾打，左掌抽回，附于右前臂外侧，名曰"鹞子翻身"，目视前方。（图4-195）

图4-194   图4-195

3.左转身，面对圆心，左足向左跨步成左仆步，左掌"燕子抄水"，右掌"走马活携""叶底藏花"，再换成"青龙探爪"，向右转10圈，自然呼吸，气沉丹田。当行至起势之处时，换"鹞子翻身"右势继续走圈，当换成"青龙探爪"左势时，此掌才算练习完毕。

【要点】

"鹞子翻身"是在仰身时打的勾手，有鹞子回头的意思。

（八）翻身掌八：蛟龙翻身

1.向左走转"青龙探爪"左势10圈，自然呼吸，气沉丹田。当行至起势之处时，换"迎面点脚""燕子抄水""扣步翻身"。（图4-196）

2.重心移至右腿，起身，左腿提起，左掌掌心向下，自脑后向左踝外侧截下，右掌抬至头上，目视左掌动作。（图4-197）

3.落左足，右掌掌心向下，掌指向前探出，左掌护于右腋下，名曰"探掌"，目视右掌动作。（图4-198）

4.重心移至左腿，右腿足心朝前，自下向体前搓地蹬出，同时双掌掌心朝上在面前托起，目视前方。（图4-199）

| 图4-196 | 图4-197 | 图4-198 | 图4-199 |

5.落右足，面对圆心成左仆步，左掌向身左"燕子抄水"，右掌"走马活携""叶底藏花"，再换成"青龙探爪"，向右转10圈，自然呼吸，气沉丹田。当行至起势之处时，换"蛟龙翻身"右势继续走圈，当换成"青龙探爪"左势时，此掌才算练习完毕。

【要点】

提膝、探掌要一气呵成。

八、回身掌

回身掌八式是回身撞掌、回身探掌、回身挑打、青龙献爪、回身劈掌、海底纫针、回身搂掌、平手回合。其中的第一掌回身撞掌是程氏八大掌的第八掌。

孙禄堂先生曾在《拳意述真》一书中，专门写过程廷华先生的功夫。他论述程先生的八卦掌时说："与敌交手时，或粘或走，或开或合，或即或离，或顶或丢，忽隐忽现，或忽然一离相去一丈余远，忽然而回即在目前……无有定势，变化莫测也。"这"一离相去一丈余远，忽然而回即在目前"指的是"走"，并非长拳中的宭蹦跳跃。因为八卦掌法中很少有跳跃的动作，八卦掌练的是走圈，是"以走为用"，这"一离相去一丈余远，忽然而回即在目前"就是回身掌法。

很多传人都会回身掌，但都是只在圈上练习，而程有信先生的回身掌是在圈上，先向圈心（假设的敌人）进步缠劈，随之向相反的方向，即圈外打去，随后又打回圈心。这样比只在圈上练习的回身掌更加形象和有实战意义。

（一）回身掌一：回身撞掌

1. 青龙探爪

向左走转"青龙探爪"左势10圈，自然呼吸，气沉丹田，目视圆心。（图4-200）

2. 迎门劈掌

行至起势处时并步，同时右掌掌心向下，向左掌前劈出，随之左掌抽回，再向右掌前劈出，双掌劈成原来的"青龙探爪"左势，目视圆心。（图4-201）

图 4-200　　　　　　　　　图 4-201

3. 燕子抄水

屈左腿蹲身，向右转身，右腿向圈外（与圆心相对的方向）迅速右仆步，同时双臂内旋，右掌在前，左掌在后，贴右腿上方向右足面插下，目视右掌。（图4-202）

4. 青龙出水

左足向右足前上步，同时左臂外旋，掌心向上，左掌自右臂下向前穿出，要穿出螺旋劲，右掌置于左肘下，目视前方。（图4-203）

5. 走马回头

右足向身后摆一大步，右转回身，当面对圆心时，右掌掌心向上贴左臂下穿，同时双掌向右画圆弧收至左腹前，目视圆心。（图4-204）

6. 回身撞掌

左足向圆心上一大步，右足跟步，同时双掌掌心向前，迅猛推撞，要沉肩坠肘，打出推撞之"寸劲"，目视前方。（图4-205）

7. 推山入海

（1）面对圆心，右足在圈上横撤一大步，左足跟随，贴在右踝骨内侧，同时左臂外旋，掌心向上，掌指向前，自左向右在前面横带，右掌置于头部右侧，掌心向外，目视左掌动作。（图 4-206）

（2）左足在圈上向左跨一大步成半马步，同时左臂内旋，拇指向下，掌心向外，向身左推撞，目视左前方。（图 4-207）

图 4-202　　　　　图 4-203　　　　　图 4-204

图 4-205　　　　　图 4-206　　　　　图 4-207

8. 回身撞掌

右掌"走马活携""叶底藏花"，再换成"青龙探爪"，向右走转 10 圈，自然呼吸，气沉丹田。当行至起势之处时，换"回身撞掌"右势继续走圈，当换成"青龙探爪"左势时，此掌才算练习完毕。

【要点】

向圆心"迎门劈掌"后，迅速向圈外"燕子抄水"，又迅速回身打回，故名"回身掌"。

（二）回身掌二：回身探掌

1. 向左走转"青龙探爪"左势10圈，自然呼吸，气沉丹田。当行至起势之处时，换"迎门劈掌"，目视圆心。（图4-208）

2. 右足向圈外撤步，随之左足收至右足内侧，脚尖点地，右臂屈肘平肩，向右带动右掌至颌前，左臂垂于体侧，左掌掌心朝外，名曰"带掌"。（图4-209）

3. 左足向圆心上步，右足随之同时右掌掌心向下，掌指向左肩外直插圆心方向，左掌置于右腋下，名曰"探掌"，目视左前方。（图4-210）

图4-208　　　　　　图4-209　　　　　　图4-210

4. 左掌"推山入海"，右掌"走马活携""叶底藏花"，再换成"青龙探爪"右势，向右走10圈，自然呼吸，气沉丹田。当行至起势之处时，换"回身探掌"右势继续走圈，当换成"青龙探爪"左势时，此掌才算练习完毕。

（三）回身掌三：回身挑打

1. 向左走转"青龙探爪"左势10圈，自然呼吸，气沉丹田。当行至起势之处时，换"迎门劈掌"，目视圆心。（图4-211）

2. 右足向圈外撤步，随之左足收至右足内侧，脚尖点地，同时右臂屈肘向右带动右掌至颌前，左臂垂于体侧，左掌掌心朝外，目视左下方。（图4-212）

3. 向圆心上左足,左手立桩,再向前上右足,右掌掌指向上,掌心向前,向圆心打出,名曰"挑打"，挑打时要有沉塌之力。（图4-213）

4. 向圈上撤右步，并左步，再向左跨左步，成半马步，左掌"推山入海"，右掌"走马活携""叶底藏花",再换成"青龙探爪",向右走转 10 圈,自然呼吸,气沉丹田。当行至起势之处时,换"回身挑打"右势继续走圈,当换成"青龙探爪"左势,此掌才算练习完毕。

图 4-211　　　　　　图 4-212　　　　　　图 4-213

(四)回身掌四:青龙献爪

1. 向左走转"青龙探爪"左势 10 圈,自然呼吸,气沉丹田。当行至起势之处时,换"迎门劈掌",目视圆心。(图 4-214)

2. 向右转身,向圈外脱身走,走右、左、右三步,右臂横肘向右收带,左臂垂于体侧,左掌掌心朝外,向左拧头回视。(图 4-215)

3. 左转身,左足向圆心方向上步,同时右掌收至腹前,左掌掌心向外,五指向前,向圆心方向探出,名曰"青龙献爪",目视前方。(图 4-216)

图 4-214　　　　　　图 4-215　　　　　　图 4-216

（4）左掌"推山入海"，右掌"走马活携""叶底藏花"，再换成"青龙探爪"右势，右转10圈，自然呼吸，气沉丹田。当行至起势之处时，换"青龙献爪"右势继续走圈，当换成"青龙探爪"左势时，此掌才算练习完毕。

【要点】

回身"青龙献爪"要突然，快速，力在指端。

（五）回身掌五：回身劈掌

1.向左走转"青龙探爪"左势10圈，自然呼吸，气沉丹田。行至起势处时，换"迎门劈掌"，向右转身，向圈外脱身走，走三步，向左拧头回视。（图4-217）

2.向左转身，向圆心上左步，同时左掌自下而上向面前抢劈，力在小指外沿，随之坐身成歇步，同时右掌向面前抢劈，名曰"回身劈掌"，目视前方。（图4-218）

3.向圆心上右步，成马步，同时右掌自下而上，向前反背拍出，左掌落于身后，名曰"反背劈掌"，目视前方。（图4-219）

图4-217　　　　　　图4-218　　　　　　图4-219

4.左掌"推山入海"，右掌"走马活携""叶底藏花"，再换成"青龙探爪"右势，右转10圈，自然呼吸，气沉丹田。当行至起势之处时，换"回身劈掌"右势继续走圈，当换成"青龙探爪"左势时，此掌才算练习完毕。

【要点】

"回身劈掌"与"反背劈掌"要一气呵成。

（六）回身掌六：海底纫针

1.向左走转"青龙探爪"左势10圈，自然呼吸，气沉丹田，行至起势处时，换"迎门劈掌"，目视圆心。（图4-220）

2.向右转身，向圈外脱身走三步，左掌自然垂于体侧，右臂屈肘向右带动右掌至颌前，向左拧头回视。（图4-221）

图 4-220　　　　　　　　　　　　图 4-221

3. 向左转身，左足向圆心方向上步，同时双掌手指向下，向左前方下插，左掌前，右掌后，名曰"海底纫针"，目视左掌动作。（图 4-222）

4. 双掌外旋，掌心向上，用掌背分别向下砸沉，目视双掌。（图 4-223）

5. 进左步，双掌掌心向前，并掌推撞，名曰"日月并行"，目视前方。（图 4-224）

图 4-222　　　　　　　　图 4-223　　　　　　　　图 4-224

6. 面对圆心，左掌"推山入海"，右掌"走马活携""叶底藏花"，再换成"青龙探爪"，右转 10 圈，自然呼吸，气沉丹田。当行至起势之处时，换"海底纫针"右势继续走圈，当换成"青龙探爪"左势时，此掌才算练习完毕。

【要点】

"海底纫针"时要向下松肩，"日月并行"时要沉肩坠肘打出"寸劲"。

（七）回身掌七：回身搂掌

1.向左走转"青龙探爪"左势10圈，自然呼吸，气沉丹田。行至起势处时，换"迎门劈掌"，目视圆心。（图4-225）

2.向右转身，向圈外上三步脱身而走，右臂屈肘向右带动右掌至颔前，左掌自然垂于体侧，向左拧头回视。（图4-226）

3.向左转体，左足向圆心方向摆步，同时双臂屈肘，双掌变勾手，五指向下，向左胸前搂回，名曰"回身搂掌"，目视双手动作。（图4-227）

4.向圆心方向上右步，右掌掌心向下，以小指外沿为力点横抹，左掌按于腹前，名曰"金丝抹眉"，目视右掌。（图4-228）

图 4-225　　　　图 4-226　　　　图 4-227　　　　图 4-228

5.面对圆心，左掌在圈上"推山入海"，右掌"走马活携""叶底藏花"，再换成"青龙探爪"，向右转10圈，自然呼吸，气沉丹田。当行至起势之处时，换"回身搂掌"右势继续走圈，当换成"青龙探爪"左势时，此掌才算练习完毕。

【要点】

练"金丝抹眉"时，双臂要展开。

（八）回身掌八：平手回合

1.向左走转"青龙探爪"左势10圈，自然呼吸，气沉丹田。行至起势处时，换"迎门劈掌"，目视圆心。（图4-229）

2.向右转身，向圈外脱身而走三步，右臂屈肘向右带动右掌至颔前，左掌自然垂于体侧，向左拧头回视。（图4-230）

3.向左转身，左足向圆心方向横跨一步，同时左掌拇指向上，用掌心在胸前向右横推至右肩前，左掌置于左腰侧，掌心向内，名曰"平手回合"，目视左掌动作。

（图 4-231）

4. 向右拧腰，提右膝成独立步，右掌掌心向内，屈腕，向右反背摔打而出，左掌置于右肘下，目视双掌动作。（图 4-232）

图 4-229　　　　图 4-230　　　　图 4-231　　　　图 4-232

5. 面对圆心，左掌"推山入海"，右掌"走马活携""叶底藏花"，再换成"青龙探爪"，右转 10 圈，自然呼吸，气沉丹田。当行至起势之处时，换"平手回合"右势继续走圈，当换成"青龙探爪"左势时，此掌才算练习完毕。

【要点】

"平手回合"与"反背摔打"要一气呵成。

九、八大掌练习注意事项

（一）练习注意事项

1. 八大掌的应用意图各不相同，技击特点各有特色

单换掌讲究出手成招；双换掌是接二连三的打击；顺势掌是顺对方来手劲力方向，顺势而打；背身掌是逆对方来手劲力方向，逆势而打；转身掌是忽左忽右、左旋右转的打法；磨身掌是在对方面前原地摆步扣步，贴着对方而打；翻身掌是在被对方压制时摆脱逆境，出奇制胜；回身掌是打了就走，突然回身，出其不意战胜敌人。所以，这套六十四掌汇合了八种单换打法、八种双换打法、八种顺势打法、八种背身打法、八种转身打法、八种磨身打法、八种翻身打法、八种回身打法。通过练习八大掌，可以大大丰富八卦掌的实战打法，大大提高八大掌的实用价值，从而系统

地总结出八卦掌的技击特点，掌握以掌为法、以走为用、斜出正入、阴阳互动的原则，把八卦掌越练越精，越练越明，得以开窍，从而真正地学会八卦掌。

2. 练习八卦掌时要练出"转掌如拧绳"的感觉

八卦掌的传统练法是转掌时必须围绕一棵小树来转，把小树当作假想的敌人。没有小树时，要把圈心当作假想的敌人。一掌前伸，一掌肘下藏，这就是"青龙探爪"。练习左右的"青龙探爪"，一定要双臂"滚钻拧裹"，即"转掌如拧绳"。滚是圆形的旋臂动作，钻是在旋臂中前伸，拧是向外撑劲，裹是向里的合抱，这四个动作合起来就会产生双臂的螺旋劲。练"转掌如拧绳"时要五指向上自然弯曲，每一指的屈伸大小、指与指的开合多少都会使掌的劲力发生变化，因而要在意念引导下去找"劲"。练习"青龙探爪"时不仅头、颈要拧向圆心，掌、腕也要拧向圆心，腰也要拧向圆心，都要向圆心拧90°，即所谓的"转磨"。八卦掌有推磨、转磨、拉磨之说。推磨练习时拧腰不足90°；转磨练习时90°；拉磨练习几乎要拧腰180°，很难练。建议初习者采用转磨练法。转磨时一定要里足直行，这样才能形成真正的拧腰90°，如果里足不直行，而是向圆心掰着足尖走，就无法形成拧腰。只有做到"转掌如拧绳"，才能练习双臂的螺旋劲和八卦掌的横劲，才能练出八卦掌的功夫和技击手法。年长日久，觉得自己的手掌又粗又大、又宽又厚，仿佛存在无穷力量，这才是八卦掌的"掌"。"转掌如拧绳"是练习八卦掌的诀窍，是八卦掌的精髓，而里足直行又是"转掌如拧绳"的关键。"转掌如拧绳"是董公亲授，历代老前辈无不将此话作为八卦掌之真谛、真经和准绳传于后人，这也是练习八卦掌时每掌之间用"青龙探爪"衔接之原因，希望学练八卦掌者不可轻视之。

3. 练功贵在以意当先、持之以恒

练习八大掌与六十四掌时均离不开走圈，可以走中速，也可以走慢速，可走中盘、上盘和下盘，但以中盘中速为宜。练功时一定要以意当先，要以意领气，气沉丹田，以气领力，更要"意如飘旗，又似点灯"，用意念来指导和统帅每个动作的攻防。走圈时一定要自然呼吸，气沉丹田。换式时可用自然呼吸，气沉丹田，也可以用腹式呼吸，配合动作，气沉丹田。但采用腹式呼吸配合动作要慎重，运用不当，可能会出现胃出血和小肠疝气等疾病。练功时，不是练一掌或几掌就休息一下，然后再练几掌又休息一下，而是一圈又一圈地接着练，这样才能练出功夫。就像打铁一样，不能打几下就凉一凉，那就打不成了。

练功时要注意保养与适度。练功时会出汗，出汗可以促进人体的新陈代谢，可以把体内的风湿赶出来，但练功后一定要注意收汗，不要再被风吹或马上洗冷水澡，这样容易得多种疾病。学习六十四掌的目的是健身，是为了丰富自己的掌法，也为了更透彻地领悟八卦掌的诀窍。不受苦和累练不出功夫，但练功过度也易使身体受损。练习者要根据自己的身体条件来考虑每天练什么掌，走多少圈，练多长时间，在实践

>>>

中摸索一套适合自己的练功方法，既能练出功夫，又能强身健体，益寿延年。

（二）练功路线

八大掌与六十四掌练功路线图如图 4-233 所示。

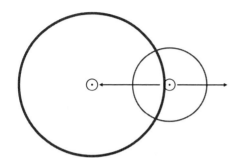

大圈是练习单换掌、双换掌、顺势掌、背身掌、翻身掌之圈，中圈是转身掌之圈，小圈是磨身掌之圈，带箭头的直线是回身掌的换势路线。

图 4-233　八大掌与六十四掌练功路线图

1. 单换掌

先向左走"青龙探爪"左势，走一定圈数后，在起势之处换单换掌右势继续走圈。当又换成"青龙探爪"左势时，此掌才算练习完毕。

2. 双换掌

练功路线与单换掌相同。

3. 顺势掌

先向左走"青龙探爪"左势，走一定圈数后，在起势之处向圈外摆步换顺势掌，换完后仍是"青龙探爪"左势，仍是向左走圈。加练一个单换掌，换成"青龙探爪"右势，向右走相同圈数，在起势处换顺势掌右势，仍是"青龙探爪"右势，再加练相同单换掌，又换成"青龙探爪"右势，此掌才算练习完毕。

4. 背身掌

练功路线与单换掌、双换掌相同。换完左势换右势，此掌才算练习完毕。

5. 转身掌

先向左走转左势"青龙探爪"，在起势处换转身掌，随之在大圈上走 4 步小圈。3 圈后换成"青龙探爪"右势，向右走大圈，在起势处用相同动作方向相反换转身掌右势，在大圈上走 4 步小圈，当又换成"青龙探爪"左势时，此掌才算练习完毕。

6. 磨身掌

先向左走转"青龙探爪"左势，在原地摆步扣步换"磨身掌"。右势换掌也一样，当换成左势"青龙探爪"时，此掌才算练习完毕。

7. 翻身掌

练功路线与单换掌的相同，换完左势掌再换右换掌。

8. 回身掌

先向左走"青龙探爪"左势，在起势处换回身掌。换掌时先向圆心"迎门劈掌"，随之向圈外走出，再换回圈内，即打了就走，走了又回。右势掌换法同左势一样。当又换成左势"青龙探爪"时，此掌才算练习完毕。

程有信先生八大掌练功照片，供八卦掌爱好者参照与欣赏

第五章
八卦游身连环掌

（动作演示：卢鑫）

刘敬儒2018年演示
八卦游身连环掌

八卦游身连环掌概述

八卦游身连环掌套路

八卦游身连环掌是在定式八掌、八大掌的基础上练习的连环套路，可参加比赛，也可以表演。此掌法能使全身每块肌肉、每个关节及内脏器官和各个系统都得到锻炼，给人以舒畅的享受。坚持练习，既可养生，又能健体。练习此掌法更能提高和增长八卦掌的功力，使掌法更加多变，身法更加灵活，步法更加巧妙，劲力更加充实，自卫防身的本领更强。

练习八卦游身连环掌要做到：①行走如龙，回转若猴，换式似鹰，每个动作都要矫捷灵活，舒展大方，形态美观，形神兼备；②要有节奏，当快则快，当慢则慢，当实则实，当虚则虚，体现出阴阳变化；③劲力要刚柔相济，不得轻飘，要沉实浑厚；④意为统帅，以意领气，以气领力，气沉丹田，把攻防意识贯彻到每个动作中去，意动身随，如临大敌一般；⑤讲究进退、起落、开合、疾徐、起伏、虚实，给人以变化多端、神奇莫测之感，练起来要行云流水，滔滔不绝，拧裹钻翻，势势相连。

一、动作名称

第一段

1. 起势	2. 青龙探爪	3. 闭门掩肘
4. 推窗望月（左）	5. 叶底藏花（右）	6. 迎门开掌
7. 推窗望月（右）	8. 叶底藏花（左）	9. 行步撩衣

10. 脑后摘盔　　11. 燕子抄水　　12. 走马活携　　13. 叶底藏花（右）

第二段

14. 白蛇吐信（右）15. 白蛇吐信（左）

第三段

16. 阴阳鱼　　　17. 鹞子翻身　　18. 鹞子穿林　　19. 乌龙摆尾
20. 阴阳鱼

第四段

21. 提膝撞掌　　22. 白猿献桃　　23. 狮子张口　　24. 拧身削掌
25. 风轮劈掌　　26. 转身反背掌　27. 提膝腕打　　28. 天马行空

第五段

29. 横扫千军　　30. 指天插地　　31. 枯树盘根　　32. 大蟒翻身
33. 怪蟒翻身　　34. 白蛇伏草　　35. 收势

二、动作图解

（一）第一段

1. 起势

（1）立正，头正颈直，微收下颌，嘴微闭，舌抵上腭，用鼻呼吸，双掌自然下垂，精神贯注，目视前方。（图5-1）

（2）双臂外旋，肘部微屈，掌心向上，在体侧徐徐托起，高与眉齐，吸气收腹，目视前方。（图5-2）

图5-1　　　　　　图5-2

（3）双臂内旋,屈臂折肘,掌心向下,掌指相对，在体前徐徐下落，置于小腹前,同时坐身屈膝，呼气松腹，气沉丹田，目视前方。（图5-3）

图 5-3

2. 青龙探爪

（1）在圈上直上左步，同时双臂外旋，掌心向上，掌指向前，向面前穿出，左掌在前，右掌置于前臂内侧，目视前方。（图5-4）

（2）右足微贴左足内侧，沿弧线在圈上上右步，向圆心拧腰转体，同时双臂内旋，滚钻挣裹，向圆心推出，左掌在前，高与眉齐，右掌在左肘下寸许，向左走两圈。（图5-5）

3. 闭门掩肘

行至起势之处时，右足在左足前扣步，左臂外旋屈肘，掌心向内，掌指向上，在面前向右拧臂掩肘，右掌不动，目视前方。（图5-6）

图 5-4   图 5-5   图 5-6

4. 推窗望月（左）

在圈上摆左足，右臂外旋，掌心向内，向左转身，左臂内旋，掌心向外，在胸前横臂圆撑，目视前方。（图5-7）

5. 叶底藏花（右）

在左足前扣右足，向左拧身，左臂不动，右臂外旋，右掌掌心向上，掌指贴胸部向左腋下穿出，目视右掌。（图5-8）

6. 迎门开掌

在右足前扣左足，右转身，右掌掌心向上，自左臂下向身体右前方穿出，左掌置于胸前，目视右掌。（图5-9）

图5-7　　　　　　　图5-8　　　　　　　图5-9

7. 推窗望月（右）

原地摆右足，右转身，右臂内旋，掌心向外，在胸前屈臂向外圆撑，左掌不动，目视前方。（图5-10）

8. 叶底藏花（左）

在右足前扣左足，原地摆右足，在右足前再扣左足，同时左臂外旋，掌心向上，掌指向右腋下穿出，拧头回视。（图5-11）

图5-10　　　　　　　图5-11

9. 行步撩衣

右转回身，摆左足，将藏花之
左掌经腹前向下画弧再向左足前上
方撩起，高与肩平，右掌自然按于
身前，目视左掌。（图5-12）

图5-12

10. 脑后摘盔

（1）在左足前扣右足，同时右臂外旋，右掌掌心向上自左臂下向前穿出，左掌
置于右肘上方，目视右掌。（图5-13）

（2）双足不动，向左拧转回身，右臂内旋屈肘，掌心向外，自颈后贴头顶向左
肩前推出，左臂屈肘横于胸前，目视前方。（图5-14）

11. 燕子抄水

突然屈右膝蹲身，向身后撤左足成仆步，左转回身，同时左掌变勾手，摩左肋
贴左腿外侧向左足面插去，随之再向上撩起成半仆步，松肩，向前伸指，右掌掌心
向下按于左肘内侧，目视左掌。（图5-15）

图5-13   图5-14   图5-15

12. 走马活携

（1）起身，右转身成右半马步，左掌不回抽，右掌掌心向下在右膝的斜前方，
随着向右拧腰的动作，画一大平圆。（图5-16）

（2）右臂外旋，右掌掌心向上，搂回置于腹前，目视左掌。（图5-17）

13. 叶底藏花（右）

微起身，重心移至左足，在左足前扣右足，右转身，右掌向左腋下穿出，左臂屈肘横于胸前，坐身合膝，向左拧身回头，目视右掌。（图5-18）

图5-16　　　　　　　　图5-17　　　　　　　　图5-18

【要点】

以上动作都要连续完成，先向左"推窗望月"，突然又沿原路向右"推窗望月"，原地的摆扣步要轻捷灵活，仿佛有个轴似的。"推窗望月"时臂要圆撑，不得端肩；"燕子抄水"姿势要低；"行步撩衣"的转身要突然；"脑后摘盔"的拧腰、盖掌要一气呵成。

（二）第二段

14. 白蛇吐信（右）

（1）原地摆左足，向左转身，上右步，同时左掌不动，右掌自腋下抽出，在面前屈肘，翻至掌心向上时，以肘为轴，自左向前画一小平圆伸出，名曰"云片掌"，目视前方。（图5-19）

（2）在右足前扣左足，蹲身合膝，同时右臂屈肘，右掌掌心向上，停至右肩之上，左掌停在右肘之下，目视右掌动作。向右转身，原地摆右足，再绕右足，扣左足，转身360°仍回原来地方，掌势不变，目视前方右掌。（图5-20）

图5-19　　　　　　图5-20

图 5-21

（3）向右转身，右足横跨一大步，同时右掌掌心向上向体右伸出，高与肩平，目视右掌。（图 5-21）

（4）向右转身，在右足前方扣左足，同时左臂外旋，掌心向上，自右臂下向前穿出，右掌按于左肘内侧，目视前方。（图 5-22）

（5）双掌不动，重心移至左腿，右足向左足后插步，目视左掌。（图 5-23）

（6）向右转身 180°，双足碾动成右弓步，左掌不变，右掌掌心向上，向身体右方伸出，目视右掌方向；随之重心左移，成左弓步，左掌姿势不变，向左松左肩伸臂，接着重心右移成右弓步，右掌姿势不变，再向右松右肩伸臂，随双掌的伸长而左右拧动注视。（图 5-24）

图 5-22

图 5-23

图 5-24

15. 白蛇吐信（左）

（1）重心移至右腿，左足向右足前上步，同时双臂内旋，左臂屈肘收至胸前，以左肘为轴，掌心翻上，在面前自右向前画弧云片，右掌置于左肘之下，目视左掌动作。（图 5-25）

（2）重心仍在右腿，向左转身 180°，同时右掌不变，左掌掌心向上翻回，停

在左肩之上，在左足前扣右足，原地摆左足，目视左掌。（图5-26）

（3）向身体左侧横跨左步，同时右掌不变，左掌掌心向上向身体左侧伸出，目视左掌。（图5-27）

图5-25　　　　　　图5-26　　　　　　图5-27

（4）向左转身，在左足前方扣右足，同时右臂外旋，掌心向上，自左臂下向前穿出，目视右掌。（图5-28）

（5）双掌不动，重心移至右腿，左足向右足后插步，目视右掌。（图5-29）

（6）双足碾动，向左转体180°，成左弓步，右掌不变，左掌掌心向上，向身体左方伸出，目视左掌方向，随后重心右移，成右弓步，右掌姿势不变，向右松右肩伸臂；接着重心左移成左弓步，左掌姿势不变，再向左松左肩伸臂，随双掌的伸长而左右拧动注视。（图5-30）

图5-28　　　　　　图5-29　　　　　　图5-30

【要点】

"白蛇吐信"（右）的 6 个动作都是向身体右侧沿直线行进，"白蛇吐信"（左）的 6 个动作是向身体左侧沿直线行进，两者方向正好相反。

原地摆扣步要灵活快速，向前穿掌、伸掌时掌心微向上舔，要有白蛇吐信的样子，要松肩坠肘，尽力伸长手臂。向左右松肩伸长手臂时要随重心移动，快速灵活，有突左突右的感觉。

（三）第三段

16. 阴阳鱼

（1）撤左足，上左足，同时左掌收回，掌心向内在胸前向下画弧，再向身体左前方撩出，右掌下沉于腹前，目视左掌动作。（图 5-31）

（2）上右足并步蹲身，同时右臂外旋，掌指向下，掌心向前向腹前掖出，左掌按于右前臂处，目视右掌。（图 5-32）

（3）向右足前扣左足，原地摆右足，扣左足，向右转身，同时双臂内旋，左臂屈肘屈腕，翻成掌心向外，向右肩前推出，右臂屈肘、屈腕向外翻成掌心向外推至左胯后面，原地摆扣步，目视右前方。（图 5-33）

图 5-31　　　　　　　图 5-32　　　　　　　图 5-33

17. 鹞子翻身

（1）摆右足，右掌自身后向足面下插，掌心向外，左掌置于右肘下，掌心向下，目视右掌动作。（图 5-34）

（2）扣左足，左臂外旋掌心向上自右腋下向身前穿出，同时仰面翻身，右掌随身体的仰翻自然停于头后，目视天空。（图 5-35）

图 5-34　　　　　　　　　图 5-35

18.鹞子穿林

（1）右转身，摆右足，右掌变勾手摩右肋伸出，左掌置于右肩前，目视右掌动作。（图 5-36）

（2）左转身 180°，上左步，右掌掌心向下，向面前穿出，左掌掌心向上，自右臂下向前穿出，穿至右肘下方，目视左掌动作。（图 5-37）

（3）上右步，同时右臂外旋，翻成右掌掌心向下，左掌自右肘处向前穿出，目视前方。（图 5-38）

图 5-36　　　　　　　图 5-37　　　　　　　图 5-38

（4）向左转身摆左足，左臂内旋，左掌变勾摩左肋伸出，右掌置于左肩前，目视左掌动作。（图 5-39）

（5）右转身 180°，上右步，左掌掌心向下，向面前穿出，右掌掌心向上，自左臂下向前穿出，穿至左肘下方，目视右掌动作。（图 5-40）

（6）上左步，同时左臂外旋，翻成左掌掌心向下，右掌自左肘处向前穿出，目视前方。（图 5-41）

图 5-39　　　　　　图 5-40　　　　　　图 5-41

19. 乌龙摆尾

（1）向身后撤右步，右转身，同时右臂屈肘，右掌变勾手摩右肋向右螺旋伸出，左掌掌心向上，向左上方伸出，目视右掌动作。（图 5-42）

（2）左足向右足后插步，同时左臂屈肘，左掌变勾手摩左肋向左螺旋伸出，右掌掌心向外，向右上方伸出，目视左掌动作。（图 5-43）

（3）再向身体右侧进右步，同时右臂屈肘，右掌变勾手摩右肋向右螺旋伸出，左掌掌心向上，向左上方伸出，目视右掌动作。（图 5-44）

图 5-42　　　　　　图 5-43　　　　　　图 5-44

（4）左足向右足后插步，同时左臂屈肘，左掌变勾手摩左肋向左螺旋伸出，右掌掌心向外，向右上方伸出，目视左掌动作。（图 5-45）

20. 阴阳鱼

（1）向身体左侧上左步，同时右臂屈肘收回，再掌心向前向左足前上方推出，左掌置于右肘外侧，掌心向外，目视左前方。（图 5-46）

（2）在左足前扣右足，向左转身，右臂内旋，翻至掌心向外推至左肩前，左掌掌心向外推至右胯后面，原地扣步摆步，目视左肩前方。（图5-47）

图5-45 图5-46 图5-47

【要点】

"阴阳鱼"的拧身、摆步、扣步要协调一致，如同原地转陀螺一样，连绵不断。"鹞子穿林"要走斜线，"乌龙摆尾"由斜线突然向身后插步倒退而行，如螃蟹一样横着行走，给人以忽前忽后、忽左忽右、左穿右插、前进后退游动的感觉，整段动作要绵绵不断。

（四）第四段

21. 提膝撞掌

（1）向身后撤右步，左转身，抽左足，足尖点地，同时左臂外旋，翻成掌心向内，自左臂下向左弧线抽回，右掌掌心向内，双腕相贴收至腹前，目视圆心。（图5-48）

（2）重心移至右腿，左膝提起，双掌掌心向前推撞而出，目视圆心。（图5-49）

图5-48 图5-49

22. 白猿献桃

（1）落左足，双掌姿势不变，向左走半圈，然后微仰身，左足足尖轻轻点地，目视圆心。（图5-50）

（2）迅速抽回左足向左转身走半圈，同时双掌掌心向上托于下颌之前，目视圆心。（图5-51）

图5-50　　　　　　　图5-51

23. 狮子张口

在右足前扣左足，向右转身，面对圆心向左走半圈，同时双掌掌心相对成合抱姿势，左掌在前，高与眉平，右掌伸在头上，目视圆心。（图5-52）

24. 拧身削掌

（1）在圈上上右足，右臂外旋翻至掌心向上，在左掌之上自头顶至面前画弧线平削而出，左掌置于右肘外侧，掌心朝外，目视右掌动作。（图5-53）

（2）左足在右足前向圈外扣步，同时左臂内旋翻至掌心向下，在拧腰回头的同时向圆心平削，右掌置于左肘下，掌心向上，目视左掌动作。（图5-54）

图5-52　　　　　　　图5-53　　　　　　　图5-54

25. 风轮劈掌

（1）右转身，摆右足，同时右掌向圆心弧线劈下，随之在右足前上左足，足尖点地，左掌弧线劈下，双掌的抢劈一气呵成，目视前方。（图5-55）

（2）随后向前上左步，双掌掌背分别向身体前后反背拍打，左掌在前，高与头齐，右掌在后，高与肩平，目视左掌。（图5-56）

图5-55　　　　　　　　　　图5-56

26. 转身反背掌

（1）向右转身，在右足前扣左足，同时双臂收回在胸前合抱，目视右肩外侧。（图5-57）

（2）继续向右转身，右足向圆心横上一大步，同时坐身屈膝，双掌掌背分别向身体两侧抢打，目视右掌。（图5-58）

（3）向左转身，扣右足，双掌合抱胸前再向圆心左转身，左足向圆心上一大步，同时坐身屈膝，双掌掌背分别向身体两侧抢打，目视左掌。（图5-59）

图5-57　　　　　　　　图5-58　　　　　　　　图5-59

27. 提膝腕打

向圈外扣左足，向右转身，重心移至左足，右膝提起，同时右掌变勾手，用腕部向圆心顶打，高与胸平，左掌变勾手停于右肘之下，落下右足向右走半圈，目视圆心。（图5-60）

28. 天马行空

左足扣步，右转回身，在圈上上右步，再上左步，向左走半圈，同时双勾手变掌，左掌在前，用掌背向圆心拍打，左掌前，右掌后，目视圆心方向。（图5-61）

图5-60　　　　　　　　图5-61

【要点】

此段动作是回到起势的圈上，围绕这个圆心走转"白猿献桃"半圈，回身再向左走转"狮子张口"半圈，向圆心"风轮劈掌""转身反背掌"，又向右走转"提膝腕打"半圈，再向左走转"天马行空"半圈。所有这些动作都要势势连接，不可间断。

（五）第五段

29. 横扫千军

（1）向左转身，左足向圆心上步，同时左臂外旋，以左肘为轴，左掌掌心向上在头的前上方画弧云片，右掌置于左肘下，掌心向外，目视左掌。（图5-62）

（2）右足向前上步，微仰身，同时右掌掌心向上，自左臂下向右前上方伸出，左掌按于右肘之上，名曰"开掌"，目视右掌动作。（图5-63）

（3）上左步，微仰身，同时左掌掌心向上，自右臂下向左后上方伸出，右掌按于左肘之上，目视左掌动作。（图5-64）

图 5-62

图 5-63

图 5-64

30. 指天插地

（1）左转身，摆左步，屈膝半蹲，上体前俯，左掌变勾手摩左肋螺旋伸出，右掌立于左肩前方，目视左掌。（图 5-65）

（2）起身，右后转身，在左足前扣右步成并步，同时右掌自左腋下贴左臂上穿至右臂伸直，左掌置于右上臂前，掌心向内，目视右掌动作。（图 5-66）

（3）撤左足，屈膝下蹲，左膝置于右踝内侧，左脚跟离地，同时左掌掌背贴右肋向下插至右踝外侧，目视左前方。（图 5-67）

图 5-65

图 5-66

图 5-67

31. 枯树盘根

（1）重心移至右腿，双臂合抱于胸前，目视左前方。（图5-68）

（2）左足向身体左侧开一大步成左仆步，同时双掌用掌背分别向身体两侧抡打，左掌置于左足上方，目视左掌。（图5-69）

图 5-68   图 5-69

（3）重心移至左腿，右足向左足前扣步，屈膝蹲身，同时向右转体，双臂合抱于胸前，目视右前方。（图5-70）

（4）左足向身体左侧开一大步成左仆步，同时双掌用掌背分别向身体两侧抡打，左掌置于左足上方，目视左掌。（图5-71）

图 5-70   图 5-71

32. 大蟒翻身

（1）重心移至左腿，右转身，摆右足，同时右臂屈肘，右掌变勾手摩右肋向身后插出，左掌立于右肩前，掌心向右，目视右掌。（图5-72）

（2）继续向右转身，左足绕过右足向原处扣步，俯身，左掌插至右腋下，目视左掌动作。（图5-73）

（3）上体向后仰面翻转，同时左掌掌心向上向前伸出，右掌自然随翻身动作置于脑后，目视前上方。（图5-74）

图 5-72　　　　　　　　　　图 5-73　　　　　　　　　　图 5-74

33. 怪蟒翻身

（1）左转身，摆左足，同时双掌收至胸前，左臂屈肘，左掌变勾手摩左肋向身后插出，右掌立于左肩前，掌心向右，目视左掌。（图 5-75）

（2）右足向左足前扣步，俯身，右掌掌心向下插至左腋下，目视右掌。（图 5-76）

（3）重心移至右腿，向左翻身后仰，左腿屈膝提起，脚尖向前点出，与腰同高，同时右掌掌心向上向前穿出，左掌向身后伸出，目视前上方。（图 5-77）

图 5-75　　　　　　　　　　图 5-76　　　　　　　　　　图 5-77

34. 白蛇伏草

（1）左转身，摆左足，左臂屈肘，左掌变勾手摩左肋向身后插出，右掌立于左肩前，目视左掌。（图 5-78）

（2）在左足前扣右足，左转身，右掌掌心向上，自左臂下贴左臂向前穿出，左掌按于右肘之上，目视前方。（图 5-79）

（3）继续向左转身，摆左足，扣右足，摆左足，右臂屈肘内旋，右掌掌心向前

时自颈后经头顶打出，左臂屈肘横于胸前，掌心向外，目视左前方。（图5-80）

图5-78　　　　　　　图5-79　　　　　　　图5-80

（4）扣右足，右掌自头顶向左肩外落下，目视前方。（图5-81）

（6）继续向左转身，原地摆步扣步，当与起势方向相同时右腿屈膝蹲身，左足向身体左侧跨一大步成左仆步，同时双掌掌心朝外向身体两侧分别按下，左掌按于左足上方，目视左掌。（图5-82）

图5-81　　　　　　　图5-82

35. 收势

（1）起身收回左足并于右足内侧，双臂外旋，双掌掌心向上，在身体两侧徐徐托起，高与头平，吸气收腹，目视前方。（图5-83）

（2）双臂内旋，掌心向下，掌指相对，经胸前向腹前下按，坐身屈膝，呼气松腹，气沉丹田，目视前方。（图5-84）

（3）立正姿势，意识集中，精神内敛，自然呼吸，气沉丹田，目视前方。（图5-85）

图 5-83   图 5-84   图 5-85

【要点】

"横扫千军"要微仰身。"指天"时要尽力向上伸臂，"插地"时尽力蹲身下插，有忽上忽下之感。"枯树盘根"的姿势要低，转身要快，一气呵成。"大蟒翻身"时要尽力仰翻，腰身要活。"怪蟒翻身"时尽力使足面、前后掌、身体在同一水平面。"白蛇伏草"时摆扣步的步数不限，以行至与起势方向一致时才能仆步。起势与收势的方向必须一致。

（动作演示：刘敬儒）

八卦九宫掌

八卦九宫掌是按九宫的方位和顺序来练习八卦掌的攻防技术的套路。把每一个方位假设为一个敌人，来练习八卦掌的掌法、身法、腿法、步眼和劲力。练习要"意为统帅"，把攻防意识贯注到每个动作中去，如临大敌一般，从中练习自卫防身的本领。

练习八卦九宫掌时，可以在地面上画一个直径为4米的圈，或边长为4米的正方形，标明方位，按①到⑨又从⑨返回①的路线练习，也可以在每个方位处固定一个木桩，进行练习。当动作熟练后，可把九宫方位的距离自由移动，这样练出的掌法、身法、腿法、步眼、劲力就更灵活敏捷、变化多端。

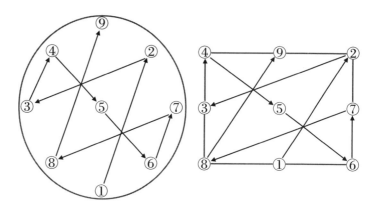

八卦九宫掌常用方位图。可在圆形路线九宫中练习，也可在四方形路线九宫中练习。

一、动作名称

1. 起势　　　　　2. 左右缠掌　　　　3. 转身蹬腿　　　　4. 转身托掌

5. 转身扑掌　　　6. 右膝顶撞　　　　7. 扣步削掌　　　　8. 拧身探掌

9. 进步切肘　　　10. 拍胸扑肘　　　 11. 转身顶肘　　　 12. 拧身肩打

13. 拧身胯打　　　14. 搓步托掌　　　 15. 落步插掌　　　 16. 捋手里踹

17. 落步捣嗉　　　18. 扣步削掌　　　 19. 拧身探掌　　　 20. 进步掩肘

21. 拧臂抬肘　　　22. 进步扬肘　　　 23. 反臂砸肘　　　 24. 转身后顶肘

25. 进步塌掌　　　26. 反抽嘴巴　　　 27. 转身后蹬腿　　 28. 进步点腿

29. 转身挤打　　　30. 转身挤打　　　 31. 左右缠掌　　　 32. 收势

二、动作图解

1. 起势

先在方位①处立正。随之向前上右步，双腿弯曲，脚趾抓地，成重心前四后六的四六步，同时双臂外旋，当翻成双掌掌心向上，掌指向前时向面前伸出，右掌在前，左掌按于右前臂内侧，目视前方。（图6-1）

2. 左右缠掌

（1）向方位②上右步，同时右臂内旋，屈肘，屈腕，屈指，自下向前缠绕，名曰"缠掌"，左掌置于胸前，目视前方。（图6-2）

图6-1　　　　　　　　　　　　　图6-2

（2）向前上左步，同时左掌掌心向上，掌指向前，自右臂下向前穿出，右掌按于左肘上方，目视前方。（图6-3）

（3）向前上左步，同时左臂内旋，屈肘，屈腕，屈指，自下向前缠绕，目视前方。（图6-4）

（4）向前上右步，同时右掌掌心向上，掌指向前，自左臂下向方位②方向穿出，左掌按于右肘上方，目视前方。（图6-5）

图6-3　　　　　　　图6-4　　　　　　　图6-5

【要点】

左右缠掌时要上下协调，动作连贯，一气呵成。自然呼吸，气沉丹田。穿掌时力在指端。

3. 转身蹬腿

（1）左转回身，在左足后扣右足，同时双臂抱于胸前，拧头回视方位②处。（图6-6）

（2）向左拧身，坐身成歇步，同时左掌变勾手置于右肩前，右臂置于左膝外侧，左掌变勾手，目视方位②处。（图6-7）

（3）向左俯身，右腿屈膝提起，向身体右侧的方位②方向蹬出，腿可蹬直，与肩同高，力在足心。同时双掌随蹬腿动作向身体前后插出，目视右腿。（图6-8）

【要点】

扣步转身与歇步变勾手要一气呵成。起右腿时要快，蹬腿时要气沉丹田，力在足心。

图 6-6   图 6-7   图 6-8

4. 转身托掌

（1）迅速抽回右足，在左足后扣右足，左转身，双臂在胸前合抱，回视方位②。（图 6-9）

（2）继续左转身，当面对方位②时，收左足，足尖点地成虚步，同时左掌屈指屈腕用小指外沿自右前臂下向外缠绕至腹前，右掌随之，成双掌掌心向上，掌指向前，目视前方。（图 6-10）

（3）进左步，跟右步成四六步，同时双掌掌心向上，掌指向前，向腹前托出，气沉丹田，目视前方。（图 6-11）

图 6-9   图 6-10   图 6-11

【要点】

右足蹬出要快，抽回更要快，要敏捷灵活。双掌托出时要气沉丹田，要沉肩坠肘，要有托撞之力。

5. 转身扑掌

（1）扣左足，右转回身，同时双臂内旋，屈肘，屈腕，屈指，双掌勾至胸前处，目视方位③。（图6-12）

（2）向方位③进右足，同时双掌向体前伸出，当双掌掌心向下，掌指向前时向腹前按下，目视双掌动作。（图6-13）

（3）向方位③上左步，跟右步成四六步，同时双掌掌心向下，掌指向前向胸前扑出，目视前方。（图6-14）

图6-12   图6-13   图6-14

【要点】

以上3个动作要协调连贯，一气呵成。双掌向前扑出时，要气沉丹田，沉肩坠肘，扑出扑撞之力。

6. 右膝顶撞

（1）双掌变成半握拳，当变成右拳拳心朝下，左拳拳心朝上时，向身体右后方捋带，同时提右膝成左独立步，向前顶膝，目视前方。（图6-15）

（2）向身后落右足成四六步，同时右拳变掌，拇指向上，掌心向左，向胸前掤打，左掌自然停于右臂之下，目视前方。（图6-16）

【要点】

顶膝时要气沉丹田，顶出全身之力，力在膝盖。

7. 扣步削掌

在右足前扣左足，右转身，同时左掌掌心向上，在面前向右前方弧线平削，随之右掌掌心向下，在左掌之上，向右前方弧线平削，左掌置于胸前，目视双掌动作。（图6-17）

【要点】

左右削掌要连贯，一气呵成。削出之掌，力在小指外沿。自然呼吸，气沉丹田。

8. 拧身探掌

在左足前扣右足，向右拧身回头，当面对方位④时，右掌心向下，五指向前自左肩前向方位④伸出，目视前方。（图6-18）

【要点】

拧身拧头与探掌同时完成，力在指端。

| 图6-15 | 图6-16 | 图6-17 | 图6-18 |

9. 进步切肘

（1）摆左足，右转身，右掌掌心向下，五指弯曲，向前缠拿，左掌置于胸前，目视前方。（图6-19）

（2）向方位④上右步成四六步，同时右臂外旋，屈肘，当肘尖向下时，用前臂向方位④砍出，名曰"切肘"，左掌停于右肘之下，目视前方。（图6-20）

【要点】

左手缠拿、右手切肘要连贯，一气呵成。切肘时要气沉丹田，力在前臂外沿。

| 图6-19 | 图6-20 |

10. 拍胸扑肘

右肘肘尖自左向右转动一周,随之向方位④上右步,跟左步成四六步,同时右掌变拳,右臂屈肘抬平,右肘肘尖向前扑打,啪的一声,右肘拍在左掌心,此时右肘肘尖向前,目视前方。(图6-21、图6-22)

【要点】

扑肘时要双足扎地,气沉丹田,沉实有力。

图6-21　　　　　图6-22

11. 转身顶肘

(1)右转回身,同时扣右足,向身后撤左足成马步,双手半握拳,双臂抱于胸前,目视前方。(图6-23)

(2)重心左移,成左弓步,同时右拳推左拳把左肘顶出,名曰"转身顶肘",目视左前方。(图6-24正面、图6-25背面)

【要点】

左转身要快速,左肘尖顶出全身之力。

图6-23　　　　图6-24 正面　　　　图6-25 背面

12. 拧身肩打

双足不动,在向左拧腰同时右肩向前撞出,右臂自然弯曲,左掌按于右肘内侧,目视前方。(图6-26正面、图6-27背面)

【要点】

拧腰肩打要同时完成,拧腰要快,肩打要猛,要撞出全身之力。

>>>

13. 拧身胯打

双足以足掌为轴，向右拧转回身，同时把左胯向外撞出，名曰"胯打"，左臂屈肘横于胸前，右臂自然下垂向身后扑打，目视左胯。（图6-28）

【要点】

在胯打时左臂抬起，右掌随左胯向身后扑打，以助"胯打"之力。"胯打"时，双足不但要拧动，还要向地面扎力，同时气沉丹田，要"胯打"出全身之力。

图6-26 正面

图6-27 背面

图6-28

14. 搓步托掌

（1）向方位⑤上左步，同时双掌掌心向下自身体两侧向腹前按下，目视前方。（图6-29）

（2）右足屈膝足心朝前，向方位⑤搓地蹬出，同时双臂外旋，双掌掌心朝上，向面前托起，目视前方。（图6-30）

图6-29

图6-30

【要点】

上左步蹬右足要连贯，一气呵成。双掌托起与右足搓地蹬出要协调，同时完成。蹬出之腿要屈膝，要气沉丹田，力在足跟。

15. 落步插掌

（1）落右足，同时双掌掌心朝上，掌背向下，向腹前全力沉下，目视前方。（图6-31）

（2）向方位⑥上左足跟右足成四六步，同时双臂内旋，当翻成双掌掌心向下掌指向前时向面前插出，目视前方。（图6-32）

【要点】

落右足沉掌与上左足插掌要动作连贯，协调一致，一气呵成。插掌时要气沉丹田，力在指端。

16. 将手里踹

双掌同时半握拳，左拳在前，右拳在后向右侧将带，同时右腿屈膝提起，右足足心朝前，向方位⑥踹出，目视前方。（图6-33）

【要点】

左腿要稳，右足踹出，力在足心。

17. 落步掐嗉

向身后落右足成左弓步，同时右掌掌心向下，虎口朝前，向方位⑥掐出，左掌自然停于右肘之下，名"黄鹰掐嗉"，目视前方。（图6-34）

图6-31   图6-32   图6-33   图6-34

【要点】

里踹之腿要迅速抽回，落足与掐嗉要同时完成。掐出之时要气沉丹田，虎口要圆撑，力在虎口。

18. 扣步削掌

在右足前扣左足，同时右掌掌心向上，向左前方画弧线平削而出，随之左掌心向下，在右掌之上向左前方画弧线平削而出，目视左掌动作。（图6-35）

【要点】

削掌时自然呼吸，气沉丹田。左右削掌要连贯，一气呵成，力在小指外沿。

19. 拧身探掌

双足原地不动，向右拧身回头，当面对方位⑦时，左掌掌心向下，自右肩上向方位⑦伸出，右掌按于左腰侧，目视方位⑦。（图6-36）

【要点】

拧身、拧头、探掌要一气呵成，力在指端。

20. 进步掩肘

（1）向方位⑦上右步成四六步，同时右掌掌心向下，屈腕屈指，自左臂下向前缠绕，左掌按于右手手腕之上，目视右掌动作。（图6-37）

（2）向方位⑦上左步成四六步，同时左臂外旋屈肘，掌指向上时，向内拧转，当拧成掌心向内时，左肘肘尖自右向下、向左、向前转动一周，右掌置于左肘下，掌心向下，目视前方。（图6-38）

【要点】

肘尖转动时要沉肩，肘尖有拨转之力。

图6-35　　　　　　图6-36　　　　　　图6-37　　　　　　图6-38

21. 拧臂抬肘

向方位⑦上左步跟右步仍成四六步，同时左肘肘尖朝上，抬至头部左上方，名曰"抬肘"，右掌置于腹前，目视前方。（图6-39）

【要点】

上左步跟右步时要上小步跟小步，要与抬肘上下协调，自然和随。抬肘时要急促干脆。

22. 进步扬肘

向方位⑦上右步，仍成四六步，同时右臂折肘，在微仰身的同时右肘肘尖自下朝上在面前顶出，右掌停于右肩之上，左掌置于右肘之下，目视前方。（图6-40）

【要点】

扬肘时要气沉丹田，要急促有力。

23. 反臂砸肘

上右步跟左步，仍成四六步，同时右肘肘尖沿弧线向下、向后，再向上，向前绕360°，向胸前反臂砸下，左掌啪的一声拍在右前臂上，目视前方。（图6-41）

【要点】

肩肘要灵活，动作要协调，圆活一致。向下砸肘时要气沉丹田，动作要猛，力要沉实。

图6-39   图6-40   图6-41

24. 转身后顶肘

原地扣右足，拧左足的同时左转回身，同时双掌握拳翻成拳心朝上，用双足向身后挫步，同时双肘肘尖向身后顶出，名曰"后顶肘"，目视前方。（图6-42正面、图6-43背面）

【要点】

双足急促后挫与双肘后顶要同时完成，协调一致。双肘后顶时要气沉丹田，后顶要迅猛有力，要顶出浑身之力。

25. 进步塌掌

（1）向方位⑧上右步，同时双臂屈肘屈腕，五指并拢，双掌变勾手向上提起，高与眉齐，缩顶藏头，目视前方。（图6-44）

（2）向方位⑧上左步成四六步，同时双掌掌心向下，掌指向前，向胸前塌下，目视前方。（图6-45）

【要点】

上述动作要连贯，一气呵成。向胸前按下时要沉肩坠肘，气沉丹田，塌出全身之力。

图6-42 正面　　　　　图6-43 背面　　　　　图6-44　　　　　图6-45

26. 反抽嘴巴

（1）向方位⑧上右步，同时左臂屈肘，掌心向下，自右掌下向掌前缠拿，置于右腋下，随之右掌屈指缠拿，当掌指向前时，屈腕，用掌背向对方面部抽打，名曰"反抽嘴巴"，目视前方。（图6-46）

图6-46

（2）随之右掌向左缠绕，当掌指向前时，用掌背向对方面部抽打，目视前方。（图6-47）

（3）进左足成四六步，同时左臂屈肘屈，左掌屈指变勾，用腕部向面前顶出，高与眉齐，右掌变勾手随左手动作自然停于左肘之下，目视前方。（图6-48）

【要点】

"反抽嘴巴"要迅疾，与"腕打"3个动作要一气呵成，要抽出冷脆的摔打力。自然呼吸，气沉丹田。

图6-47　　　　图6-48

27. 转身后蹬腿

原地扣左足，左转回身，同时屈膝俯身，双臂抱于胸前。随之左腿屈膝提起，向身后蹬出，左掌自然后插，右掌抬至头前，名曰"卧牛腿"，拧头回视。（图6-49）

【要点】

后蹬之腿可蹬直，也可不蹬直。后蹬腿时要尽力俯身，力在足心。

图6-49

28. 进步点腿

（1）迅速抽回后蹬之腿，向身前落足。随之向方位⑨上右步，同时双掌掌心朝上，用掌背向腹前沉按，目视前方。（图6-50）

（2）双掌自腹前向面前穿出，高与头平。同时提左膝，向前伸左腿，用左足足尖向面前点出，目视前方。（图6-51）

>>>

【要点】

以上动作要连贯，一气呵成。点腿时也可微仰身，要向前松胯，力在足尖。

图 6-50　　　　　　　　　图 6-51

29. 转身挤打

（1）迅速抽回左足，左转回身，于右足后摆落左足，同时双臂交叉抱于胸前，左臂在外，右臂在内，目视左前方。（图 6-52）

（2）右转身 180°，在左足前扣右足，同时左臂内旋，右臂外旋，双掌上下翻动换成右臂在外，左臂在内，目视左前方。（图 6-53）

（3）向方位⑨处摆左足成四六步，同时左臂内旋，翻成拇指向下，掌心向前时，屈肘圆臂向胸前挤出，右掌推左臂助力，名曰"挤打"。（图 6-54）

图 6-52　　　　　　图 6-53　　　　　　图 6-54

【要点】

以上3个左转身恰好是左转一周，转身挤打要快速，整个动作要一气呵成。挤打时气沉丹田，力在左手前臂处。

30. 转身挤打

（1）右转回身，向身后摆右足，同时右掌掌心向上，左掌掌心向下，双臂交叉抱于胸前，左臂在外，右臂在内，目视右前方。（图6-55）

（2）继续右转身，在左足前扣右足，同时右臂内旋，左臂外旋，双掌上下翻动换成右臂在外，左臂在内，目视右前方。（图6-56）

（3）迅速右转回身，向方位⑨处摆右足成四六步，同时右掌拇指朝下，掌心朝前，右臂屈肘向胸前挤打，左掌推右臂助力。（图6-57）

图6-55   图6-56   图6-57

31. 左右缠掌

（1）左转身，双臂屈肘、屈腕，双掌屈指向身后缠掖，面对方位①，目视前方。（图6-58）

（2）上右步，右掌掌指朝前，虎口朝上，自左臂下向前穿出，左掌按于右肘内侧，目视前方。（图6-59）

（3）上左步，右手自右臂下向前穿出，左掌收于右肘内侧，目视前方。（图6-60）

（4）左后转身，右掌掌指朝前，掌心朝上，自右臂下向前穿出，左掌按于右肘内侧，目视前方。（图6-61）

【要点】

左右缠掌时要上下协调，动作连贯，一气呵成。自然呼吸，气沉丹田。穿掌时力在指端。

>>>

图 6-58　　　　　　图 6-59　　　　　　图 6-60　　　　　　图 6-61

32. 收势

（1）左转回身，进步缠掌，行至方位①处时，在左足前扣右足，右转回身成右搭手，目视前方。（图 6-62）

（2）随之成立正姿势，目视前方，平心静气。（图 6-63）

图 6-62　　　　　　　　图 6-63

【要点】

以上动作是依方位①～⑨的正顺序练习后，在方位①处收势的。也可以在练习至方位⑨后依次反顺序练习，在①处收势。正顺序和反顺序，动作相同。练习整个套路"以意为先"，时时处处要有攻防意识，如临大敌一般。八卦九宫掌熟练后，可以进入第三阶段的实战练习，真正学到自卫防身、克敌制胜的本领。

第七章
八卦掌操手

（动作演示：张瑞田、胡耀武）

八卦掌操手

八卦掌的劲力是通过基础八掌、八大掌、八卦游身连环掌、九宫掌等的练习，把平常所谓的笨力气转化成内劲。但为了更好更快地练出这种内劲，就必须练习操功。

八卦掌的操功种类很多，可以打沙袋，也可以在厚的木板钉上狗皮练习塌掌，可以在身前放置蜡烛打烛光，可以双掌托物而走，还可以制作木人栽在土里，练习推、撞、掖、带、踢、踹、挤、靠等的打击动作。

当然，操手是最有效、最简便、最好的操功方法。可单人练习，也可双人练习。下面介绍8种单人操手和8种双人操手，都是八卦掌法中最为常见、风格最突出的掌法，如盖掌、撞掌等。操好这些掌法，不仅能掌握八卦掌的独具特色的劲力，更可掌握一些八卦掌法的攻防技术，从而学到自卫防身的本领。

一、单人操手

（一）动作名称

1.青龙探爪	2.上下立桩	3.老僧托钵	4.脑后摘盔
5.缠手掖撞	6.怀中抱月	7.大鹏展翅	8.爆炸弹抖

>>>

（二）动作图解

1. 青龙探爪

（1）立正姿势，头正颈直，微收下颌，嘴微闭，舌抵上腭，用鼻呼吸，双手在身体两侧自然下垂，精神贯注，气沉丹田，目视前方。（图7-1）

（2）上身正直，姿势不变，重心落于左腿，屈膝下坐，左足向下扎地，出右足，膝微屈，五趾抓地，在地面向前搓踩，成重心前四后六的四六步，同时右手五指斜朝上，掌心朝前，沉肩坠肘，伸臂打出，高与胸齐，左手在腹前下按，目视前方。（图7-2）

（3）右足收回，同时双手握拳收于腹前，目视前方。（图7-3）

（4）上身正直，姿势不变，重心落于左腿，屈膝下坐，左足向下蹬力，出右足，膝微屈，五趾抓地，在地面向前搓踩，成重心前四后六的四六步，同时右手五指斜朝上，掌心朝前，沉肩坠肘，伸臂打出，高与胸齐，左手在腹前下按，目视前方。（图7-4）

图7-1　　　　图7-2　　　　图7-3　　　　图7-4

【要点】

（1）按以上动作反复练习。

（2）右手练习完毕后，要用同样动作练习左手的操手，练习次数与右手相同。

（3）出掌时要用"寸劲"，有向前下方按塌的意思，故又名"单塌掌"。

（4）可以在身前的桌子上点燃一支蜡烛，在一定距离外，用单塌掌打击，直至烛灭，然后可以重新点燃，重新练习。手掌与蜡烛的距离可从近慢慢移远，距离越远功力越深厚。

（6）练习此掌时，可上大步，后足跟步，仍保持进步打击时的四六步，名"活步塌掌"，非常实用，应多加练习。

2. 上下立桩

（1）立正姿势，头正颈直，微收下颌，嘴微闭，舌抵上腭，用鼻呼吸。双手在身体两侧自然下垂，精神贯注，气沉丹田，目视前方。（图7-5）

（2）上身正直，重心落于左腿，屈膝下坐，左足向下扎地，出右足，右膝微屈，脚趾抓地，在地面向前搓踩成四六步，同时右掌五指斜朝上，掌背向前，伸于面前，高与头齐，左掌掌心朝下，置于腹前，沉肩坠肘，目视前方。（图7-6）

（3）右足收回，屈膝下蹲，同时右掌下插至右臂伸直，左掌随动作自然停于右肩前，目视前方。（图7-7）

（4）起身，屈膝下坐，左足向下扎地，出右足，右膝微屈，脚趾抓地，在地面向前搓踩成四六步，同时右掌五指朝上，掌背向前，伸于面前，高与头齐，左掌掌背贴于右手前臂内侧，沉肩坠肘，目视前方。（图7-8）

（5）右足收回，屈体下蹲，同时右掌下插至右臂伸直，左掌随动作自然停于右肩前，目视前方。（图7-9）

图7-5　　　　图7-6　　　　图7-7　　　　图7-8　　　　图7-9

【要点】

（1）按以上动作反复练习。

（2）右手练习完，要用同样动作练习左手，练习次数与右手相同。

（3）上立下插要迅速灵活，沉肩坠肘，又名"上下立掌"。

（4）在上立下插时要有力，完全护住自己的身体，防守要严密。

3. 老僧托钵

（1）立正姿势，头正颈直，微收下颌，嘴微闭，舌抵上腭，用鼻呼吸。双手在身体两侧自然下垂，精神贯注，气沉丹田，目视前方。（图7-10）

（2）上身正直，重心落于左腿，屈膝下坐，左足向下扎地，出右足，右膝微屈，脚趾抓地成四六步，同时右掌掌心朝上，手指朝前，向前伸出，左掌掌心朝下，手指朝前沉于右肘下方，沉肩坠肘，目视前方。（图7-11）

（3）右足收回，双手握拳，收于腹前，目视前方。（图7-12）

（4）上身正直，屈膝下坐，左足向下扎地，出右足，右膝微屈，五趾抓地成四六步，同时右掌掌心朝上，手指朝前，向前伸出，左掌掌心朝上，手指朝前，沉于右肘上方，沉肩坠肘，目视前方。（图7-13）

图7-10   图7-11   图7-12   图7-13

【要点】

（1）按以上动作要领，反复练习。

（2）出右足的同时出右手，沉肩坠肘。左掌沉于右肘上方，也可沉于右肘下方，沉于右肘下方时，防守更严密，又名"穿掌"。

4. 脑后摘盔

（1）上身正直，双足分立，操手时，左足向身左横移半步，同时左臂屈肘，左掌提置右肋前，右臂屈肘，右掌掌心朝前，自肩上经头颈后方漫头，停于头部前上方，目视左前方。（图7-14）

（2）左足外沿用力，同时右掌掌心朝前，向胸前推，目视左前方。如此反复练习。（图7-15）

图 7-14　　　　　　　　　图 7-15

【要点】

（1）撑掌时足外沿踩地与撞掌要同时进行，推撞时要沉肩，力催掌心，虎口圆撑，拇指尽力外展，这样掌力才能浑厚，才能打出"寸劲"，又名"盖掌"。

（2）用同样的动作，唯方向相反，练习左掌盖掌，次数相同。

5. 缠手掖撞

（1）左足在前右足在后站立，操手时左足后撤成左虚步，右掌按于左掌内侧，掌心向下，左臂在右臂下外旋拧动，一边掌心上翻一边向前缠压，目视前方。（图7-16）

（2）上左足，右足跟进成四六步，同时双掌掌心朝前，掌腕贴拢向胸前推撞，推撞时要沉肩坠肘，撞出浑身之力，目视前方，如此反复练习。（图 7-17）

图 7-16　　　　　　　　　图 7-17

（3）换右势练习，动作相同，方向相反。如此反复练习，次数自定。

【要点】

出足与出手要同时。撞掌时一定要沉肩坠肘，前足踩，后足蹬，撞出浑身之力，爆炸出"寸劲"，亦名"团撞"。推撞时一定要气沉丹田。

6. 怀中抱月

（1）右足在前，左足在后，双足分立，上身正直，屈膝坐身成四六步。操手时，右足向前上步，左足在后跟进，重心不变，双足脚趾向下扎地，同时双臂抬至胸前，双掌掌心朝外，圆臂屈肘，向右撞出，撞出时要向右拧腰转体，目视右前方。（图7-18）

（2）上身保持正直，双臂外旋，翻成掌心向上时用掌背向身前腰际砸下，目视右前方。（图7-19）

（3）右足向前上步，左足跟进仍成四六步，在向下踩力的同时双臂外旋，抬至胸前，双掌掌心向外，圆臂屈肘，向右撞出，撞出时仍向右拧腰转体，目视右前方。如此反复练习。（图7-20）

图7-18　　　　　　图7-19　　　　　　图7-20

【要点】

（1）操此掌时，右步前进的同时，要向右拧腰，向右撞打。左足在前时，双掌向左拧腰同时向左撞打，如此前进，反复练习。这样才能练出腰劲和横劲。

（2）撞打时要沉肩坠肘，气沉丹田，虎口圆撑，双掌掌指相对，拇指朝外，尽全力打出，此掌是前行横向撞打，故又名"螃蟹掌"或"双撞掌"，练的是横撞之力。

7. 大鹏展翅

（1）右足向后抽回，同时双臂内旋，屈腕，双掌变勾手，向两肋勾拨，目视前方。（图7-21）

（2）右膝微屈，上右足，脚趾抓地，在地面上向前搓踩成四六步，同时双臂外旋，在身体两侧向上拧翻，当翻成掌心朝上时，用双掌小指外沿向面前横切，要切出力量。（图7-22）

（3）在左足前撤右步，双臂内旋，屈腕，双掌变勾手，向两肋勾拨，目视前方。（图7-23）

（4）右膝微屈，上右足，脚趾抓地，在地面上向前搓踩成四六步，同时双臂外旋，在身体两侧向上拧翻，当翻成掌心向上时，用双掌小指外沿向面前横切，要切出力量。（图7-24）

图7-21　　　　　图7-22　　　　　图7-23　　　　　图7-24

【要点】

（1）依上面动作，可左右足互换，反复练习，次数自己决定。

（2）双掌向面前横切时，要松肩坠肘，气沉丹田，打出"寸劲"，打出全身之力，亦名"切掌"。切打时要气沉丹田。

8. 爆炸弹抖

（1）横抖

①双足分立，双手叠放在腹前，目视前方，做好练习的准备。（图7-25）

②坐身成马步，在双足向下扎地的同时，用腰带动双臂（自然微屈）向身体左侧横向抖出，抖出浑身之力，目视双掌动作。（图7-26）

③用腰带动双臂向身体右侧横向抖出，抖出浑身之力，目视双掌动作。（图7-27）

图 7-25　　　　　　　图 7-26　　　　　　　　　图 7-27

（2）挤打

①左足在前，右足在后，成重心前四后六的四六步，双掌掌心朝上合拢于腹前，目视前方，做好挤打的准备。（图7-28）

②前足踩，后足蹬，双足向下扎力，左掌在前，右掌在后，双掌贴拢，掌背朝前，突然向胸前挤撞而出，要抖出浑身之力，目视前方。如此反复练习。（图7-29）

（3）撞打

①左足在前，右足在后，成重心前四后六的四六步，双手握拳，合抱于腹前，目视前方。（图7-30）

②前足踩，后足蹬，双足向下扎力，同时双臂成圆抱姿势向胸前抖撞而出，目视前方。（图7-31）

图 7-28　　　　　　图 7-29　　　　　　　图 7-30　　　　　　图 7-31

159

【要点】

（1）不论横抖、挤打、撞打，关键在于双足或前足的扎地之力，同时出手要突然，要沉肩坠肘，打出浑身之力，劲力要整，如炮弹之爆炸，名曰"爆炸力"。

（2）力量抖出时，一定要气沉丹田，又名"抖打"，也称"撞打"。

（3）以上动作，皆可左右练习，动作相同，方向相反。

二、双人操手

（一）动作名称

1. 青龙出水　　2. 单鞭沉肘　　3. 狮子张口　　4. 进步肩撞

5. 霸王请客　　6. 进步团撞　　7. 迎面挤打　　8. 吸化掌

（二）动作图解

1. 青龙出水

（1）甲（左）乙（右）双方相对站立，距离约1米，目视对方。（图7-32）

（2）甲乙双方同时上右步，穿右掌，双方腕部或前臂相接。（图7-33）

图7-32　　　　　　　　　　　　　　　　　　图7-33

（3）甲乙双方同时撤右步，还原。（图7-34）

（4）甲乙双方同时上右步，穿右掌，双方腕部或前臂相接。（图7-35）

【要点】

（1）甲乙双方都用四六步，搭手时都要脚趾抓地。

（2）穿掌时要小指向上拧动，穿出螺旋劲。

（3）腕部或前臂接触时要有力量，练习沉肩坠肘、螺旋向前的穿靠之力。这种姿势和劲力既可用于防守，也可用于进攻。

（4）可换足换掌进行练习。

图 7-34

图 7-35

2. 单鞭沉肘

（1）甲乙双方上右步成四六步，都出右掌，掌心向上，甲方沉肩坠肘，用力向下沉压乙方右臂，使其不能上抬。（图 7-36）

（2）乙方用力上抬手臂。（图 7-37）

图 7-36

图 7-37

（3）乙方把右臂翻至甲方右臂之上，沉肩沉肘，用力向下沉压甲方右臂，使其不能上抬。（图 7-38）

图 7-38

【要点】

（1）一方练习单臂向下的沉劲，一方练习单臂向上掀起对方手臂之抬力。这种单鞭沉肘的劲力是八卦掌的主要劲力之一，可用于防守或进攻，奥妙无穷。

（2）甲乙双方可换掌换足进行反复练习。

3. 狮子张口

（1）甲乙双方相对站立，距离约 1 米，目视对方。

（2）甲乙双方向身体左侧上左步，在左足前再上右步，同时做"狮子张口"，向右拧腰，双方右臂相接。（图 7-39）

（3）甲乙双方同时向身后撤右足，在右足前上左步，同时做"狮子张口"，向左拧腰，双方左臂相接。（图 7-40）

图 7-39

图 7-40

【要点】

（1）撤步后再上步要一气呵成。相接的双臂要用微向外的螺旋横开之劲，同时要有沾黏，不可向外用力过大把对方手臂磕开。

（2）本式是当对方突然打来，我向对方身侧进攻的方法，也是防守方法，是忽左忽右的打法，用来练习沾黏的"开劲"。

4. 进步肩撞

（1）甲乙双方相对站立，距离约1米，目视对方。（图7-41）

（2）甲乙双方同时进右步，同时用右肩向前靠撞，目视对方。（图7-42）

图7-41　　　　　　　　　　　　　　图7-42

【要点】

（1）练习肩靠时双足下扎，要有踩力。

（2）肩靠双方都要用力，但要相互喂着练习，不可一方把另一方撞倒。

（3）可换步换肩反复进行练习。

5. 霸王请客

（1）甲乙双方足尖相对或前足内侧相贴，甲方右手握乙方的腕部，左手握乙方肘部，向右拧腰捋带。（图7-43）

（2）乙方用右手握甲方的腕部，左手握甲方肘部，向右拧腰捋带。（图7-44）

【要点】

（1）注意练习时不要把对方捋倒，互相喂着练习捋带之力。

（2）双方可换手换足反复进行练习。

图 7-43   图 7-44

6.进步团撞

（1）甲方上右步，双掌掌心向前向乙方胸腹部撞击，目视对方。（图 7-45）

（2）乙方撤右足，向右拧腰的同时右掌翻腕，双掌按住甲方手臂吸化，使甲方撞击落空。（图 7-46）

（3）乙方向甲方右足外落右足，跟左足，同时双掌掌心向前向甲方腹部撞击。（图 7-47）

图 7-45   图 7-46   图 7-47

（4）甲方向右拧身的同时右掌翻腕，双掌按着乙方前臂吸化，使乙方的撞击落空。（图 7-48）

（5）甲方向乙方右足内侧落右足，跟左足，同时双掌掌心向前向乙方胸腹部撞击。（图 7-49）

<table>
<tr><td>图 7-48</td><td>图 7-49</td></tr>
</table>

【要点】

"进步团撞"是八卦掌中主要的招法之一,必须熟练掌握,多多练习。

7. 迎面挤打

(1)甲乙双方相对站立,相距约 1 米,目视对方。(图 7-50)

(2)甲乙双方各上右足,前足踩劲,后足坐劲,重心成前四后六的四六步,双方右掌在前,圆臂撑出,左掌按于右前臂处助力,向前挤打。(图 7-51)

<table>
<tr><td>图 7-50</td><td>图 7-51</td></tr>
</table>

(3)甲乙双方收右足,还原。(图 7-52)

(4)甲乙双方各上右足,前足踩劲,后足坐劲,重心为前四后六的四六步,双方右掌在前,圆臂撑出,向前挤打,左掌按于右前臂处助力。(图 7-53)

图 7-52　　　　　　　　　　　　图 7-53

【要点】

（1）"迎面挤打"的目的是练习前臂的挤打之力，同时也练习腿部力量。

（2）双方要用力喂着练习，才能配合好。

（3）可换左掌左足反复练习。

8. 吸化掌

（1）甲乙双方上右足，成重心前四后六的四六步，右掌腕部相接，甲方右掌掌心向前，将乙方右臂推按在其胸部，目视对方。（图 7-54）

（2）乙方向右拧腰，同时腕部向右拨动，将甲方掌力化掉。（图 7-55）

图 7-54　　　　　　　　　　　　图 7-55

（3）随之乙方右掌掌心向前，将甲方右臂推按在其胸部。（图 7-56）

（4）甲方向右拧腰，同时腕部向右拨动，将乙方掌力化掉。（图7-57）

（5）随之甲方右掌掌心向前，将乙方右臂推按在其胸部。（图7-58）

【要点】

（1）向前推击时要松肩，肩催肘，肘催手，力达对方之胸。可以把对方打倒，但不可打伤，目的是练习送肩的推撞之力。吸化时腕部要灵活，可掌心向上，也可掌心向下，要与向右拧腰协调一致，一气呵成。将对方来手之力卸掉，也可使对方倾跌，目的在于练习拧腰的吸化力。

（2）甲乙双方可换成左足在前，用左掌反复练习。

图7-58

图7-59

图7-60

附录：时光掠影

中国武术九段（2015 年）

中国武术八段（2002 年）

中国武术七段（1998 年）

指导弟子李胜利

指导弟子邹伟然

指导弟子徐柏军

指导弟子杜红征

指导弟子陈丽娜

指导弟子柯中林

北京陶然亭授拳

美国纽约授拳

法国马赛授拳

澳大利亚墨尔本授拳

希腊雅典授拳

日本东京授拳

被希腊武术协会
聘为武术顾问

171

电影《一代宗师》新闻发布会上展示八卦掌

与导演王家卫交流

与主演章子怡交流

与《一代宗师》演职人员合影

刘敬儒与孙婉容女士合影

2018 年北京武术协会改选大会，
李德印、刘敬儒、王世泉合影

2015 年第五届四川国际峨眉武术节大会担任仲裁

微信扫码　看视频

刘敬儒内家拳丛书简介

刘敬儒 2018 年演示八卦游身连环掌

八卦趟泥步

邢殿和演示基础八掌

基础八掌

韩燕武演示八大掌

八大掌与六十四掌

八卦游身连环掌套路

八卦游身连环掌概述

八卦九宫掌

八卦掌操手